中小学教育新探索丛书

ZHONGXIAOXUE JIAOYU
XINTANSUO CONGSHU

小学语文情趣课堂的研究

本书编写组◎编

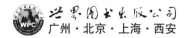
世界图书出版公司
广州·北京·上海·西安

图书在版编目（CIP）数据

小学语文情趣课堂的研究/《小学语文情趣课堂的
研究》编写组编.—广州：世界图书出版广东有限公司，
2011.11

ISBN 978 - 7 - 5100 - 4086 - 3

Ⅰ.①小… Ⅱ.①小… Ⅲ.①语文课 - 课堂教学 - 教
学研究 - 小学 Ⅳ.①G623.202

中国版本图书馆 CIP 数据核字（2011）第 228403 号

书　　　名　小学语文情趣课堂的研究
　　　　　　XIAOXUE YUWEN QINGQU KETANG DE YANJIU
编　　　者　《小学语文情趣课堂的研究》编写组
责任编辑　王　红
装帧设计　三棵树设计工作组
出版发行　世界图书出版有限公司　世界图书出版广东有限公司
地　　　址　广州市海珠区新港西路大江冲 25 号
邮　　　编　510300
电　　　话　020-84452179
网　　　址　http://www.gdst.com.cn
邮　　　箱　wpc_gdst@163.com
经　　　销　新华书店
印　　　刷　唐山富达印务有限公司
开　　　本　787mm×1092mm　1/16
印　　　张　12
字　　　数　160 千字
版　　　次　2011 年 11 月第 1 版　2024 年 2 月第 3 次印刷
国际书号　ISBN　978-7-5100-4086-3
定　　　价　59.80 元

本册作者

包 蕾

四川省大邑县北街小学校长，四川省巾帼文明岗先进人员，北师大全国骨干校长培训班优秀学员。与孙祥辉、王莹菊合著 13 万字教育专著《守望童心——北街小学及情趣教育初记》，提出"情趣教育"，受到多方关注和肯定。

王莹菊

四川省骨干教师，成都市语文学科带头人。曾获"成都市小语青年教师优质课竞赛"和"现代课堂教学大赛"一等奖。与孙祥辉、包蕾合著13万字教育专著《守望童心——北街小学及情趣教育初记》。

毛琼英

成都市教育科研先进个人，成都市小学语文骨干教师。从教23年，教育教学理念新，教学方法科学有效，努力创设富有"童真""童趣""童韵"的语文课堂。

创设情趣课堂　彰显学生个性

（代 序）

贾志敏

两年来,大邑县北街小学的教师对语文课堂教学改革做了有益的探索和研究,并取得可喜成绩,此举值得庆贺。

时下,语文课堂教学效率低下是不争的事实。最近,作家叶兆言在媒体上坦言:

"连续多年在学生作文大赛中当评委,有些问题一直想不明白。首先,为什么学生的作文不能越写越好? 如今,无论什么样的作文大赛,好文章都不多,有时候,连一篇像样的稿子都找不到。其次,当场作文的能力差得离谱。写文章倚马可待比较难,然而也不该如此不像话。

"现在的参赛作文就是想拿奖,为高考加分。为了拿奖和加分,参赛选手往往不择手段,或者走题,或者玩悲情牌,写悼念文章。悼念父亲,悼念母亲,更多的是悼念爷爷奶奶。出于真情,这类文字容易写好,不过我所读到的,大都没有真情实感。

"作文是一种能力,代表着人的文明程度。通过大赛,可以检验学生水平,也可以反映出教育中的严重问题。"

叶兆言所说,"学生的作文不太像样""当前语文教学问题严重"。本人颇有同感。

日前,某一线城市举办小学生现场作文活动,我有幸参与评选工作。本人参阅的220篇作文大多集中在两所知名学校。遗憾的是,大部分习作叙述不清,文句不通,书写不规范,表达不明白。不难看出,这些学生缺乏基本的语文素养。

知名学校学生尚且如此,普通学校学生更是可见一斑。

时下,小语教坛可谓热闹非凡:个人风格展示,教学流派比拼,莺歌燕舞,繁花似锦。对此,我们要有清醒的认识,繁荣的背后不容盲目乐观。小学生语文知识贫乏,能力欠缺,素养不高绝非个案。

教育的本质是为了提升人的精神世界,是为了把学生的潜能变为发展的现实。教学的主渠道是课堂教学。不少教师也努力备课,也精心设计,也巧制课件,也认真上课。课堂教学也不可谓不"精彩",然而,其效果却不如预期。症结究竟何在?窃以为,没有找准主要矛盾,追求表面热闹,缺少扎实工作。还在"折腾",还在"搞运动","大跃进"。

前些日子,成都教育学会廖东老师送我一本成都市大邑县北街小学《小学语文情趣课堂研究》。读后,感触颇深。我为他们的研究课题叫好,为他们的扎实工作赞叹,为他们取得的成果喝彩。

该学校课题组依据《情趣教学论》和《新课程标准》等理论,开展"小学语文情趣课堂"研究,经两年时间的探索,终于取得累累硕果。可喜可贺。

众所周知,当前,我国基础教育改革的一个重要方面,是变"应试教育"为素质教育。小学作文教学是小学语文教学的重要组成部分,也是素质教育的重要阵地,其任务在于教会学生独立运用连贯的书面语言表达自己的所见所闻和真情实感。近年来,我国各地的作文教改十分活跃,取得了可喜成绩。但是从整体上看,由于受应试教育的影响作文教育仍然存在一些弊端,阻碍学生素质提高和个性发展。

学生普遍对作文不感兴趣,但是为了应付考试和升学由不得不身陷"题海",加班加点作文,身心疲惫,毫无兴致。

学生在作文中说假话,说套话,说空话的现象十分普遍,他们不会吐露真情实感。这样,不利于对他们进行思想品德教育。

在作文指导上盛行"机械地仿写范文","背诵现成文章"和"老师出提纲,学生填写内容"等三种方法,不利于开发学生的潜力和培养他们创造性思维能力,也不利于提高学生语言文字的表达能力。

"成功的教育"应该是无痕的。一旦成人摆出教育者的架势,居高临下,盛气凌人,要求孩子如此,不准孩子那般。其时,双方就处于不平等的地位,被教育者往往会产生逆反心理和抵触情绪,这样的教育必然以失败而告终。

让孩子在宽松,愉悦,无拘无束的状态下,给他讲一则美丽的故事,剖析一个动人的事例,告知一条感人的新闻,以启迪孩子的智慧,点燃他心中的火花,激发他强烈的求知欲望,让他自己去明理,让他自己懂得该怎样待人、处事。这样的作为,往往会收到意想不到的效果。有人用滴水石穿、潜移默化来描摹成功的教育,其意义大概就在于此。

现时的一些公开课上,教师的语言也幽默风趣,制作的课件也丰富多彩,板书设计也可谓精致独到,这固然能激发起学生的学习兴趣,但是,这些都是浅层次的,不能持久的。

语文是一门学科,语文教学则是一门科学。科学,需要严谨和规范,需要按事物发展规律行事,来不得半点虚假与浮夸。阅读课上要少一点"繁琐分析"和"无效提问"。需要的恰恰是"书声琅琅"和"议论纷纷"。

马斯洛的需要层次理论认为,人类的需要是分层次的,由低到高,自我实现的需要。是最高等级的需要,能让人产生成就感。成就感能让人活跃地、全神贯注地体验生活(学习)。

马斯洛还认为,在人自我实现的创造性过程中,产生出一种所谓的"高峰体验",这个时候是人处于最激荡人心的时刻,这时的人具有一种欣喜若狂、如痴如醉的感觉。所以,教师要解决学生的学习兴趣问题,最根本的还是要满足学生自我实现的需要,让其从内心里感到在课堂上有所收获,体验成功的喜悦。经历"高峰体验",这才是可靠的兴趣的来源。基于认识水平的局限,学生获取新的收获必须缘于教师的点化。

为了使学生有强烈的学习兴趣,就必须使他有一种丰富多彩的、引人入胜的智力生活。我们应当经常关心的是,不要把他的思维套进黑板和课本的框框里,不要让教室的四堵墙把他跟气象万千的世界隔绝开来,因为在世界的奥秘中包含着思维和创造的取之不竭的源泉。

要想自己的课上得有趣,上得让学生喜欢,就需让学生带着一种高涨的、激动的情绪从事学习和思考,对面前展示的感到惊奇甚至震惊;学生在学习中意识和感觉到自己的智慧力量,体验到创造的欢乐,为人的智慧和意志的伟大而感到骄傲。兴趣的源泉还在于把知识加以运用,使学生体验到一种理智高于事实和现象的"权力感"。在人的心灵深处,独有一种根深蒂固的需要,这就是希望自己是一个发现者、研究者、探索者。而在儿童的精神世界里,这种需要则特别强烈。但是如果不给他提供食物(与事实和现象进行生动地接触体验到认识的欢乐），这种需要就会萎谢，而对知识的兴趣也随之熄灭。

大邑县北街小学的老师们意识到：情趣不仅是一种教育方法，一种教育思想，还应是一种教育境界。要培养学生的高尚情趣，达到一种有情、有景、有思想的境界。他们要探索的是，将学科课程、活动课程、校本课程以及隐性课程有机结合，以文化浸润提升学生文化素养。他们实践的是，在淡化教育痕迹中深化精神轨迹。贯彻的是"学习与情趣同在"，"成长与快乐同行"的教育理念。

显然，理念是先进的，方法是正确的，探索是可贵的，结果也是可信的。《小学语文情趣课堂的研究》这一课题是"有效、有趣、有用"的。

经过实践、探索、研究，北街小学的语文课堂面貌有了大的改变，催生了教师和学生学习语文的自信。教师教的能力和学生学的能力均获得极大地提升。与此同时，还带动其他学科对课堂的研究与思考。

他们的研究成果，可能会改变当前小学语文界追求奢华、华而不实、急功近利、舍本求末的浮华状态。

北街小学的课题研究可贵，成绩也属喜人。"行百里路半九十"。他们清醒地认识到，情趣课堂的建设，教师是关键性的因素。没有情趣教师，何来情趣课堂？他们下一步，将在"教师的教学技艺"这一块着力。我们期待着他们"下一步"的实践与结果。

（贾志敏，上海小学特级教师，曾获"浦东名师"称号。从事小学教育教学工作已逾52年，有着丰富的教育教学经验，对小学语文教学有深入研究和独特见解。1992年电视系列教学片《贾老师教作文》在中央及各地方电视台播出后，社会广泛关注。）

前　言

　　传统的小学语文课堂，学生只是被动的倾听者，谈不上和谁去"对话"。老师说、学生听；老师教、学生学，整个过程虽然循规蹈矩、但却显得呆板沉闷。对于心中对这个世界充满了奇思妙想的小学生们，这样的"老式课堂"是否还能满足他们？孩子缺少精神气，说着言不由衷的话，读着有口无心的书。课堂于孩子们而言，似乎是可有可无的。课堂总是牵不住孩子的心，出现这样的情况，是由于课堂的情味不足、趣味不浓。其中尤为重要的是情味问题。

　　前苏联教育家赞可夫说："教学法一旦触及学生的情感和意志领域，触及到学生的精神需要，这种教学法就会发挥高度有效的作用。"可见，没有情味的教学是没有魅力的教学，没有情味的教学是不能真正深入学生内心世界的教学。一句话，课堂没有情味，学生的有效学习就很难保障。在没有讨论、互动、笑容的课堂里，我们缺少的是课堂中最应该有的东西——情趣。

　　所以，新课标倡导教师要还给学生一个"对话"的课堂，让课堂成为学生主动学习的场所，使学生在课堂上畅所欲言，说出自己的所知、所想、所思、所悟，真正实现"与文本对话"、"师生对话"、"生生对话"和"与生活对话"。

　　在传道授业的环节中，老师不急于告诉学生，而是为孩子们创设轻松、自主说话的情境；学生们在老师的组织下，你来我往，唇枪舌剑，辩论得十分激烈，直到下课还在争论不休，这就是"趣"。不仅如此，孩子们还在这个过程中升华了自我的情感体验：他们的脸上写满了自信，他们的心里印满了甜甜的笑，这就是"情"。情趣课堂就像一个完美的艺术品，让语文教学充满人文性，让学生的个性得以彰显，给予语文教学一片灵性的天空。

情趣课堂还需教师不停地修炼自己的一言一行，用自己的情感去唤起学生的情感，以情激情；用自己的智慧火种去点燃学生智慧的火花，以智启智，以思启思。只有这样，我们才能感受到师生之间始终飞扬着的人文情怀，我们的课堂才能闪现出串串火花。

为推进课程实验，改变语文课堂教学缺失情趣的现状，提升师生课堂生命质量，让学生在求知中得趣，在趣味中获得新知，真正享受学习的快乐，成为学习的主人，让语文课堂成为师生成长的幸福地，成都市大邑县北街小学依据《情趣教学论》和《新课程标准》等理论，于2007年1月提出了在学校开展《小学语文情趣课题的研究》的课题研究，并得到了成都市教育科学研究所专家的赞同和指导，被成都市教育科学研究所确立为成都市"十一五"教育科研课题。课题组在大邑县小学教研室的管理和指导下于2007年9月开始研究，于2009年6月完成研究任务。

在本书中，我们将为大家全面而深入地展现课题组两年多的思考与探寻。

真诚地希望，我们的小学语文课堂能够情趣飞扬！

目录

第一篇

➡小学语文课堂现状及探寻

现状：疲软状态，效率低下

走进小学语文课堂，我们发现了一个令人深感无奈的现状：为数不少的语文课堂气氛沉闷。整个语文课堂在程式化的教学方法中，在概念化的课文分析中，在公式化的语文练习中完成。学生们逐渐失去学习语文的兴趣，一部分学生在语文课堂上宁可做一些无谓的事情也不愿学习，大部分学生是为应付考试才被动地学习，学生的语文学习的热情和趣味严重缺失。语文课堂呈现疲软状态，效率低下。

新课程改革对教师的教学理念产生了巨大冲击，突出表现在语文课堂中，学生的主体意识、师生之间的平等意识、教师积极地评价学生的意识、课程资源整合的意识等等都在加强，但课堂中依然存在气氛沉闷、呆板，老师讲得多、问得多，学生答得多、动得少、想得少的情况。低年级学生课堂气氛比较活跃，学生参与面可达90%左右。但是，随着年纪的增长，到了中高年级，师生间的互动交往逐渐减少，只有少数学生能积极、多次获得发言机会，多数同学则处于被动旁听或开小差的状态。具体表现在以下几个方面：

1. 教学方式机械少变

课堂教学中，依然是"师问生答、一问一答"的机械操作模式，这仅仅是对过去单一教学模式的简单改版，所预设的问题大多应试意味很浓，大多数停留在只需学生作粗浅思考的层面上，很少引发学生思维的碰撞，更谈不上拓展，学生在课堂中不能以积极参与者的角色出现，缺乏奋发向前的精神状态，即缺乏竞争进取的表现，积极性未得到充分调动，遏制了情感的发展以及创新能力的培养。

2. 评价方式单一功利

由于教师只注重基本的听说读写等基础知识和基本技能的叠加与形成，加上现实中教学成绩这一最高砝码的驱动，教师很看重对学生的智力因素，尤其是最后能对试卷产生决定性影响的说和写的因素的评价。说为写服务，说的方式单一，内容直接，教师问题的预设，忽略了学习过程中对情感、态度、价值观等诸多因素综合的促进性评价，更谈不上实践能力和创新能力和培养。

3. 过分地依赖并深挖教材

受 20 世纪 90 年代初期教学模式及应试方式的影响，语文课堂中依然存在着过分依赖教材和深挖教材的现象。虽然现在强调对文本做深入细致的解读，但这是以培养学生创新精神和实践能力为基础的，在突出语文工具性和人文性的前提下的解读，引领学生做到读好、说好、写出来达到教学目的要求的作文。现实的课堂中仍停留在字、词、句等内容上作无谓的深挖，重新落入了繁、难、偏的歧路。该拓展的不拓展，教者思维局限，没有将现代丰富的信息源与课本合理整合，故步自封且目光短浅。学生课堂中"人云亦云"，回答问题时无独到见解。教师只是教材的实施者，照本宣科，学生只是一味接受，不会思考，不会质疑，这样的课堂教学是单一的，没能唤起学生的创新意识，激发他们的创新精神。

4. 教学效率低下

课堂中由于没有充分发挥学生的能力因素，更没有调动学生的学习激情与欲望，课堂单调而沉闷，学生的参与度不高，精力投入不足，甚至连预设的一些基本目标都不能实现。老师反复讲，反复抱怨，大量重复无效的劳动因此而产生，于是就套用思想教育的方式"反复教，教反复"，加班加点，师生苦不堪言，久而久之便习惯成自然。

教学中，我们时常可看到学生爱上体育课、自然课、实验课，可对语文、数学兴趣较弱。因为前者能让学生自由活动，从心理上、思想上得到自由，在活动中发展，满足了学生多种感官的需求。而后者就不然，孩子们天真烂漫爱说爱动的天性，在传统的课堂教学中逐渐泯灭。

探寻："情趣"对语文课堂的有效激活

小学语文课堂疲软状态是因为缺失了一种重要的支撑精神的元素，这个元素是什么呢？当今语文界"大师们"的课堂既有情又有趣，学生学习兴致盎然，课堂充满生机。这是从课堂教学的推进层面来思索的。课堂情味的呵护和延续是一个很细致的问题，需要教师因时、因地、因人来定夺和选择。我们期待我们的语文课堂呈现这样的状态：激扬处还它个激扬，宁静处还它个宁静；迷醉时眼神顾盼生辉，激情时举止流光溢彩。

情趣课堂的特质

"情趣教育"的宗旨是解决教师的职业倦怠和学生的学习倦怠，让校园成为师生留恋的地方。因为情趣是最有益的心理元素，"情趣教育"解决师生在教育中的精神动力问题。思想问题一解决，所有问题都将迎刃而解，目前我校的"情趣教育"践行已初见成效。将这种理念迁移到课堂上，不是一样的道理吗？课堂上，只要学生充满了精神动力，所有问题都不再是问题。那些成功的语文课堂不都是充满情趣的吗？好课堂的关键元素，正是"情趣"，既有情又有趣。从这个角度上讲，好课堂就是情趣课堂。

我们组织全校语文教师对名家大师们的课堂案例进行鉴赏品析，对各级各类优秀的公开教学课堂进行分析研究，对自己和同伴所上的课进行比较反思，撰写"优秀案例评析"、"我心中理想的情趣课堂"以及各种课型的教学设计，充分表达自己对情趣课堂特质的看法。

包蕾老师品读语文大师支玉恒老师的语文课堂后，认为情趣课堂的主要元素有三个：其一是童化了的课场，"场"里充满了童真、童趣、童语、童韵等滋养儿童成长的营养因子；其二是弹性的课堂空间，课堂结构极其简约，问题极其精要，内涵却极为丰富，课堂空间弹性十足，学生的学习伸缩自如；其三是学习兴趣的强化，课堂能满足学生自我实现的需要，体验成功的喜悦。情趣课堂里，语文因儿童而语文，儿童因语文而儿童。

王莹菊老师赏析于永正老师教学的《庐山的云雾》后认为，于老师的课堂之所以情趣浓浓，其原因在于他的课堂以"爱"为基础，以"情"为纽带，以"趣"为贯穿，着眼课堂的"实"。于老师针对学生年龄特点和认知基础设计富有情趣的问题情景，采用"语言生动描绘"、"画图直观演示"、"表演还原文境"等多种方式点燃学生思维的火花，挥洒自如地引领学生主动积极地探索文字的奥秘，生动活泼地经历语言实践，沉醉在语文的世界里浑然忘我。

伍文艺老师认为，情趣课堂就是要让课堂富有人情味。每个人的性格不同，不管怎样，你的课都必须充满情。不然，任你用再先进的手段，也只是徒具其形；任你用再华美的语言，再动听的腔调上课，也不会打动学生的心灵，震撼学生的灵魂。

葛秀华老师认为，把作者寄寓于文中的思想情感，淋漓尽致地传送到学生的心田之中，使其和作者产生共鸣，达到教师情、作者情、学生情的和谐统一，这就是语文情趣课堂的境界。

毛琼英老师在《童心与童趣相伴，知识与智慧共生》中写道：我心目中的语文情趣课堂充满了童真、童趣、童韵，能让学生在品读欣赏中与文本倾情对话，生成情趣，享受语文学习的乐趣，对语文学习产生积极的情感体验。

李晓玲老师在《追求快乐课堂》中写道：语文情趣课堂应体现学科本质，语文老师要善于从文字中捕捉蕴含其中的丰富情感与意义，把学生带入唯美的言语学习意境中，让学生开心说话、动情朗读、静心默读、品味词句、动笔书写、积累感悟、去感受语言文字的魅力。使学生在动中学、乐中学、情中学、趣中学。

曹学琴老师说："我心目中理想的语文情趣课堂，是最有语文味的语文课堂。"

杨敏老师说："情趣课堂应该是可以激发学生的主体意识，使他们在语文学习的海洋中畅快游弋，突破学习障碍，进入角色，更好地掌握知识，从而极大地提高教学效率的课堂。这样，老师就不再为学生理解不了深刻的文章含义而发愁，不再为为低年级的孩子学拼音困难而发愁。"

李友芳老师认为情趣课堂要做到"三实"（实在、实用、实际）。"实在"就是要依据学生实际水平和课堂教学的学习任务来确定任务和要求，不能贪多和泛滥；"实用"就是使学生真正能学到语文知识，真正对小学生在"听说读写"等方面的素质有所提升作用；"实际"就是教师要做到眼中有学生，从本班的学生实际情况出发，了解学生"最近发展区"，因材施教。

虽然老师们的立足点和视角各有不同，但对情趣课堂基本特质的认识却有共通之处，可以归纳为四点：

1. "真味"——符合儿童学习和语文教学规律（科学性）

课堂是真实的。真实展现文本情境，真实展现教学过程，真实展现师生体验。一方面坚守语文本真，遵循语文教学规律和特点进行教学。另一方面在语文学习过程中尊重师生真实感受，流露师生真情实感。教师尤其尊重儿童的情怀、儿童的梦想、儿童的感动、儿童的诠释及儿童的原始表达。

2. "情味"——充分体现语文学习和语文课堂的特点（情感性）

课堂是情感的。课堂流动着文本所蕴含的爱恨情仇，流动着师生多向互动的深情。师生在这个丰富的情感场里互相感染（教学内容感染教师和学生，教师的教学热情感染学生，学生的学习热情感染教师……），互相影响，互相促进，随着课文情感的起伏而推进、延续，进入富有真情实感的场景中体验角色的酸甜苦辣，喜怒形之于色，化之于心。

3. "趣味"——克服课堂学习和教学的枯燥与无味（趣味性）

趣味是一种主观心理感受。根据情感心理学原理，尽管教学内容作为一种客观存在确有枯燥与多趣之分，但只要教学建立在学生需要的基础上，使学生学有所得，就能使学生产生收获的喜悦，转化为学习兴趣，学习之"苦"就能转化成学习之"乐"。

我们研究认为，情趣课堂的趣味包含两个层面：教师有兴趣地教，即趣教；学生有兴趣地学，即趣学。趣教指教师自身对教学活动感到兴致勃勃，并让教学活动变得有趣味，它是教师自身工作价值意义和职业幸福追求的需要。趣教是趣学的前提和手段，趣学是趣教的结果和目的。二者相辅相成，辩证统一。

4. "韵味"——呈现语文课堂的学习与教学的魅力（审美性）

课堂是美感的。情趣课堂的教学节奏富有韵律感和审美感。研究后我们发现情趣课堂的韵味主要体现在三个方面：其一，教学活动动静相宜。"动"指学生情绪饱满、积极主动，课堂生动活泼；"静"指在教学活动中学生注意力集中，默默地深入思考，课堂安静平和。师生在静与动的和谐统一中获得一种教与学的美的享受。其二，教学信息疏密相间。课堂在张弛起伏中产生一种动态的流动之美。其三，教学速度快慢适宜，快、慢节奏交替灵活、转换柔性，教学过程如行云流水般顺畅自然。

总的来说，语文情趣课堂的"四味"在教学中相互整合、有机渗透，使"儿童本位"和"语文本色"水乳交融，即语文学习既立足于儿童特点，又立足于语文学科特点。语文情趣课堂是师生自然轻松地教学和学习的场景，语文学习是一种享受，语文教学也是一种享受。

"情趣"课堂的有效性

我们可否确定，情趣充盈的语文课堂能有效克服疲软呢？为了证明我们的思考是可行的，我们需要进一步求证。

首先，我们再次研读了语文课标，欣喜地发现我们的思考与课标精神不谋而合。

语文课程目标根据知识和能力、过程和方法、情感态度和价值观三个维度设计，说明了这样一个道理——学生语文素养的综合达成，是在积极的情感伴随的学习过程中形成的。

其次，我们查阅了相关资料，找到了相应的理论支持。

由浙江省绍兴文理学院教授，课程与教学（语文）教研室主任王柏勋教授所著，中国社会科学文献出版社出版的《语文教学情趣论》一书，对语文教学需要充满情趣作了充分的论证。全国著名语文特级教师们也非常重视课堂的"情趣"，如支玉恒老师特别作了专著《课堂情趣与智慧》，于永正老师在他的"五重教学"中把"重情趣"放在了首位，于漪老师指出"语文教学要情趣横生"。

我们坚信我们的想法是正确的和可行的，有了研究下去的欲望和动力。

我们期待通过研究能认识到情趣课堂的基本特质，寻找到创建情趣课堂的策略。首先，我们对课题中的关键词进行了这样的界定：情趣是一个人兴味充沛的精神状态。"情趣课堂"主要指师生精力充沛地、情绪饱满地投入到课堂学习，有效地达成教学目标，教学效果好。我们期待通过"小学语文情趣课堂的实践研究"，获得以下两个成果：

1. 总结出语文情趣课堂的一些基本特质，为我校语文教师乃至广大语文教师提供一种优质语文教学的方向。同时使我校语文教师在研究的过程中反思自己的语文课堂，调整自己的教学行为，向着情趣课堂的方向不断靠拢。

2. 探索创建语文情趣课堂的策略，通过"实践→认识→再实践→再认识"的不断往复，大面积改善语文课堂的疲软状况，使我校语文课充满情趣味，提升语文课堂的质量和效果。

"情趣课堂"的研究方法

为了从"小学语文情趣课堂的研究"中取得"成果"，我们将北街小学全体语文教师和学生作为研究对象，主要采取了以下方法：

1. 案例分析：搜集国内已有的优秀语文课堂教学案例加以分析，为课题研究提供认识和依据；对实践中产生的我校语文教师的优秀课堂教学案例进行分析，为进一步研究和成果提炼提供素材。在不同的课堂教学情景中进行理性思辨，以更好地解析语文情趣课堂的基本特质和创建策略。本方法贯穿课题研究的始终，尤其在实践阶段更是重点使用。

在案例分析时结合运用观察法和经验总结法。如在课堂中对教师和学生的行为表现进行观察，从观察到的行为中探寻出小学语文情趣课堂的基本特质和影响因素；对研究过程中积累的事实材料通过理性分析和总结，归纳总结出研究成果，在总结阶段重点采用此方法。

2. 文献研究：查阅国内外与"情趣教学"、"情趣课堂"有关的研究状况及有关的理论，为本课题提供研究的理论基础和实践支撑的材料。在课题的研究初期重点使用此方法。

所经历的研究过程简述如下：

（1）研究准备阶段（2007年1月—2007年6月）

主要工作：成立课题组，确定内容为《小学语文情趣课堂的研究》，根据研究内容设计师生问卷调查，形成调查报告。以调查报告中反映的基本情况和语文学科《课程标准》的要求，经反复论证思考形成《"小学语文情趣课堂的研究"的研究方案》。

（2）探索实验阶段（2007年7月—2008年12月）

主要工作：本阶段的核心研究工作通过探索实验形成实施指导意见——《"小学语文情趣课堂的研究"实施方案》（初稿），并探索如何培养情趣教师和情趣学生，初步形成《创建情趣课堂的评价表》。

（3）推广深化阶段（2009年1月—2009年6月）

主要工作：本阶段重点围绕实施指导意见《"小学语文情趣课堂的

研究"实施方案》在全校各班级展开实施，将课题研究成果应用于实际的教育教学中，用于指导教师们的教学工作，又进一步从中获得新的实践成果，最终形成《"小学语文情趣课堂的研究"实施方案》（推广稿）。

（4）推广总结阶段（2009 年 7 月—12 月）

主要工作：本阶段核心工作是利用"主题研究"向全校进一步推广研究成果和总结提炼研究成果，以及课题的全面总结。

实践：开展情趣课堂研究

为了适应基础教育课程改革，推进课程实验，改变我校语文课堂教学缺失情趣的现状，提升师生课堂生命质量，让学生在求知中得趣，在趣味中获得新知，真正享受学习的快乐，成为学习的主人，让语文课堂成为师生成长的幸福地。

我们依据《情趣教学论》和《新课程标准》等理论，针对当前我校语文课堂教学缺失情趣的现状，结合广大教师、学校领导对语文情趣课堂的认识，于 2007 年 1 月提出了在学校开展《小学语文情趣课题的研究》的课题研究，着力从情趣课堂的基本特质、教材情趣"点"的挖掘、教材情趣"点"的处理三个方面展开研究和实验，力求通过研究使教师深化对语文学科的认识，优化语文教学环境，整合教育资源，培养和提高学生的语文综合素养。

此课题在我们的反复研究中，几易其稿，最终形成了《"小学语文情趣课题的研究"研究方案》。得到了成都市教育科学研究所专家的赞同和指导，被成都市教育科学研究所确立为成都市"十一五"教育科研课题，并于 2007 年 5 月 24 日参加课题答辩会正式立项成功。课题组在大邑县小学教研室的管理和指导下于 2007 年 9 月开始研究，于 2009 年 6 月完成研究任务。

"小学语文情趣课堂的研究"课题的成功立项，使全体课题组成员信心倍增，在校长的高度重视和领导之下，课题的研究工作有条不紊地开展起来了。

本课题的研究工作分研究准备、实践、总结三个大的阶段，这三个大的阶段中，又分为一些小的阶段，具体介绍如下。

（一）第一阶段：研究准备阶段（2007 年 5 月—2007 年 9 月）

本阶段工作起于 2007 年 5 月，分 4 步走：1. 答辩立项阶段；2. 探索实验课阶段；3.《实施方案》初稿形成实施阶段；4. 总结提炼阶段。

1. 答辩立项阶段：（2007 年 5 月）

（1）课题组成员认真学习《研究方案》，分析研究方案，学习相关理论。

（2）课题组认真按照要求准备参加"市教育科学规划"的立项答辩工作，完成了课题《申请书》和课题立项《陈述报告》和相关答辩材料。

（3）2007 年 5 月 24 日，在"成都市教科所"进行了答辩陈述，递交了相关材料，成功立项，成为了成都市"十一五"教育科研课题。

2. 探索实践课阶段：2007 年 5 月—2007 年 8 月

（1）在通过答辩后，课题组就在学校会议室召开课题组会议，对课题第一阶段的工作进行了分析总结，对答辩立项中教育专家提出的问题进行了及时分析总结，对已经获取的材料进行了科学的分析论证，并对本阶段的研究工作内容作了细化安排，确保课题研究有序、有效、有成果地进行运转，学校分管行政的老师就课题研究的保证措施和考查考核进行了安排，确保了课题研究的顺利进行。

（2）课题组依据《研究方案》设计了《实验报告单》并制定了《填表说明书》，以每位课题主研人员负责一个年级进行实验研究课，与年级组长协同合作，深入课堂听课和开设专门的实验课进行探索实验，总结挖掘教材情趣因素及创建语文情趣课堂的基本方法，提炼小学语文情趣课堂的基本特质。

（3）分年段开展课题实验，由课题组和年级学科教研组一同在学科中开展了课题实验研究课。分别是高段曹学琴的《和时间赛跑》、廖文霞《小音乐家扬科》，中段王慧蓉《苏珊的帽子》，低段伍文艺《曹冲称象》。2007 年 5 月 19 日，我校、市学科带头人孙祥辉参加四川省"难课"研讨会，执教《桃花心木》，深得与会专家和同行的好评。

3. 《实施方案》初稿形成及总结提炼阶段：2007 年 8 月—2007 年9 月

（1）各位课题主研人员总结探索实验的情况，总结提炼小学语文情趣课堂的基本特征，形成《实施方案》初稿，收集整理优秀课例集和科研论文。

（2）课题组依据探索实验阶段的情况，修改了课题研究方案，形成了《小学语文情趣课堂的研究》（修改稿）。

4. 总结提炼成果：《小学语文情趣课堂的研究》（修改稿）、《语文组情趣课堂案例集》、《语文组情趣科研研讨记录》、《语文组情趣实验报告单》、《语文组情趣阅读随笔》。

（二）第二阶段：实践阶段（2007 年 9 月—2008 年 9 月）

为了提高课题研究的实效性，我们结合语文教科研活动情况，把实践阶段分为 2007—2008 上期和 2007—2008 下期来开展研究工作。

1. 实施阶段一（2007 年 9—2008 年 1 月）

（1）2007 年 9 月，市教科所下发了课题立项通知书。至此，我们的课题研究走上了规范化的道路。课题组研究工作全部交给语文组来实施。于是，语文组结合本组实际，依据课题研究情况，制定了《小学语文情趣课堂的研究 2007—2008 上期实施方案》，开始了课题研究工作。

（2）组织教师们认真学习、讨论、修改《小学语文情趣课堂的研究》（修改稿）和《小学语文情趣课堂的研究 2007—2008 上期实施方案》。并在学校局域网上发布修改后的方案，让全体教师依据实施方案的指导进一步进行探索实验，进一步积累经验，为进一步完善实施方案提供新鲜血液。

（3）教师在实施方案的指导下，积极在语文教学中开展研究，努力创建富有情趣的语文课堂，总结提炼小学语文情趣课堂的基本特质。为了发挥课题组的示范、引领作用，课题组打造了三堂科研经典课例，由朱月执教《成吉思汗和鹰》，王莹菊、孙祥辉老师执教《迟到》，曹洪湘老师执教作文教学《趣味书信》。同时，我们还利用名师资源，约请毛琼英老师开设了《有效创建语文情趣课堂初探》的讲座。

（4）利用教育科研周活动展示研究成果。课题组依据《实施方案》向全县教师推出了两节课题研究课：它们分别是语文孙祥辉老师执教的《迟到》，曹洪湘老师执教的《趣味书信》，展示课题研究的一些成果。

（5）课题组开展了课题研究《小学语文情趣课堂的研究》"学术沙龙"，大家畅所欲言，各抒己见，相互争论，以通过这种形式展开交流，提高大家的科研水平。

（6）约请专家指导。2007 年 12 月 24 日，省教育学院专家姚文忠教授莅临我校指导情趣科研，从理论上提升了我们对语文情趣课堂的认识。12 月 27 日，市教科所罗亮建老师来校作报告。罗亮建老师对我们的课题研究赞赏有加，称我们的课题"有效、有趣、有用"。同时，他对我们的课题作了深入浅出的指导，使课题研究获得许多宝贵的经验。

（7）我们继续发挥年级学科组和名师的功能，在这两个层面展示课题实验，填写好"实验报告单"，完成对课堂成果的提炼。

（8）在实验的同时，我们继续以情趣阅读引领教师学习理论，进行教学反思，提升自己的理论水平和研究水平。每位教师自行订阅一份教育教学杂志，学校还利用各种途径为教师们购置了许多书籍，了解国内外的研究动向。要求每位教师一期完成一万字以上的情趣阅读笔记，其中有学习后的札记、感悟，也有对自己进行课题实践的反思和经验总结等。

（9）继续加强课题每月研究例会，确保每位主研人员参与研究的热情不减，工作积极深入。

（10）依据实验形成了认识成果：《小学语文情趣课堂的基本特质》。

2007 年 12 月—2008 年 1 月，我们在探索实验中对课题 2007—2008 上期课题研究工作进行了分析总结，对该阶段获取的资料进行了总结整理，完成了这一阶段工作报告、论文撰写工作，并通过总结、分析、研讨，提炼出实验成果充实到实施指导意见《实施方案》中。对 2007—2008 下期课题研究工作作了规划，着手思考更具有科学性、操作性、可行性的《实施方案》（推广稿）。

至此，本阶段的工作圆满结束。

阶段成果：《小学语文情趣课堂的基本特质》；优秀的情趣课堂教学案例、论文；形成创建情趣课堂的基本方法的文本成果；《有效创建语文情趣课堂初探》；《语文组情趣教育故事》；《语文组情趣教育故事感言》；《语文组情趣教学沙龙观点集》；《小学语文情趣课堂的研究研讨课例》；《语文组情趣阅读》；《小学语文情趣课堂的研究教学设计》；《小学语文情趣课堂的研究研讨记录》。

2. 实施阶段二（2008 年 2—9 月）

具体内容：本阶段重点围绕实施指导意见《小学语文情趣课堂的研究 2007—2008 下期实施方案》在全校各班级展开实施，将课题研究成果应用于实际的语文课堂教学中，用于指导教师们的教学工作，又进一步从中获得新的实践成果。邀请上级有关专家对课题研究进行指导，继续加强课题研究例会，及时总结和提炼研究成果。

工作实施情况：本阶段的工作始于 2008 年 2 月，划分为 3 个阶段：准备阶段；实施阶段；总结阶段。

（1）准备阶段：（2008 年 2 月）

①课题组对上学期的课题研究工作进行了总结，对课题《实施方案》进行了修订，制定了《小学语文情趣课堂的研究 2007—2008 下期

实施方案》（推广稿），讨论如何在全校推广应用研究成果。

②课题组对本期的课题推广工作作了安排部署，职责到人，确保实施工作实效开展。

③课题组对课题前期的资料进行了整理归类并对获得的资料进行分析，对研究成效进行总结，分析研究中出现的问题和困难以及困惑，提出解决措施。

④课题组对学习情况进行督查，保证学习质量，并对各主研人员研究工作进行了评价。

（2）实施阶段：（2008年3月—2008年9月）

①在全校所有班级展开实施，全校语文教师依据《小学语文情趣课堂的研究2007—2008下期实施方案》的指导，大胆实践，总结提炼课题成果。课题主研人员指导教师填好《实验报告单》。

②课题组主研人员躬身实践，每次例会汇报自己的实施情况，交流成果、探讨问题，共谋计策，提炼新成果，每月交一份实验报告单。

③课题组打造经典课例，向全校教师展示课题研究成果，如低段彭艳艳老师执教的《丁丁冬冬学识字》，中段伍文艺执教了《装满昆虫的口袋》，高段毛琼英执教《西门豹治邺》，曹学琴老师执教《修鞋姑娘》。

④以活动为载体，组织语文教师围绕课题研究开展说课竞赛，展现了课题研究成果。

⑤开展送课下乡活动，向全县教师展示了课题研究的一些成果，由毛琼英执教《西门豹治邺》。

⑥采取多种形式组织教师们学习，为教师们提供学习资料，并规定了学习任务，确保学习的质量与数量，以提高大家的理论水平。

⑦在课题研究例会中，开展课题实施情况的交流，进一步提炼研究成果，充实到《实施方案》中，并在修订与完善中形成了《小学语文情趣课堂的研究2007—2008下期实施方案》（推广稿）。

⑧采用请进来、走出去的办法，在约请专家指导的同时，我们还选

派语文组教师外出学习，并将学习感受与大家分享，大大打开了教师的眼界，提升了认识。

⑨利用专题讲座向全校教师进行课题研究的培训和成果推广介绍，撼动教师心灵。2008年8月27日邀请了教育专家陈大伟教授到我校进行了《研究的故事和幸福》的专题讲座。

⑩2008年10月8日邀请了县小学教育研究室对课题研究作了专项指导。

（3）总结阶段：（2008年9月）

课题组对这一阶段的实施工作进行了总结，对该阶段的资料进行了归类整理，分析认识，进一步提炼出实施的成果，修改和完善了《实施方案》（推广稿），各主研人员撰写研究论文。在对大量研究课例和《实验报告单》进行分析的基础上，总结和提炼出《创建语文情趣课堂的基本方法》。课题组完成了本阶段的工作报告，并对推广总结阶段的工作进行了规划，着手进行课题下期的总结工作，思考课题的《研究报告》、《工作报告》和如何进行申请结题工作等。

阶段成果：《小学语文情趣课堂的研究2007—2008下期实施方案》（推广稿）；《创建语文情趣课堂的基本方法》；《年级小学语文情趣课堂的研究科研研讨记录》；《语文组情趣阅读随笔》；《小学语文情趣课堂的研究研讨记录》；《小学语文情趣课堂的研究教学设计》；《实验报告单》。

（三）第三阶段：总结阶段（2008年10月—2009年6月）

1. 梳理前几个阶段的研究轨迹，进行总结。依据研究情况拟定本阶段推广实施计划。

2. 课题主研人员推广阶段：召开课题研究工作会学习推广稿，为推广实施做准备。主研人员推广实施，在课题研究例会上交流实验情况，进一步提炼研究成果补充推广稿。参加课题年度考核会，准备年度考核的资料。用"推广研究课"的形式向全校教师推广课题研究成果。

3. 全校教师推广阶段：组织全体教师认真学习推广稿，全体教师

▲ 小学语文情趣课堂的研究 ▼

依据推广稿在语文课堂教学实践中运用研究成果上好研究课，并进行教学反思，提炼和更新研究成果。

推广课有：2008 年 11 月 12 日凭借伍文艺老师执教的《毽子里的铜钱》组织教师开展"巧抓重点词句品味语言韵味"主题研究，给全校教师和兄弟学校的教师起到了很好的引领作用；2008 年 12 月 27 日，以彭艳艳老师执教的《和汉字说话》为载体，开展了"低段小学生运用识字方法的有效"问题研究；杨艳老师《给家乡孩子的一封信》充满了课堂活力，让学生在和谐融洽的氛围中聆听巴金爷爷的谆谆教诲，感受浓浓的关爱。

这些研究活动课的开展对全校的课题研究起到了很好的推动作用。主研人员依据《小学语文情趣课题教学的评价表》对实验教师的教学进行评价，发挥评价的促进作用。

4. 全面总结课题阶段：总结推广实验阶段的工作，提炼新的成果补充到"推广实施方案稿"中去。对课题资料进行整理和归档。撰写课题"研究报告"、"工作报告"，梳理课题研究大事记，全面总结课题研究工作。

第二篇

➡ "情趣课堂" 的创建策略

挖掘教材"情趣点"的策略

教材情趣点的存在是有规律可循的，因此挖掘教材的"情趣点"就要"重点布防"。一般地，教材的情趣点体现在以下几个方面：

1. 文本情感浓烈处

文本情感浓烈的地方是最能触动学生情感的地方，也是最能引起学生共鸣的地方，几乎每篇文章尤其是记叙性的文章都能找到这样的"点"。

如六年级教材《和时间赛跑》中作者描述自己失去外祖母时"大声痛哭，跑了一圈又一圈"，充分地表达出自己的哀痛，很能拨动学生的情弦。此处作为"情趣点"生发处理，可以让学生从感受作者对亲人逝去的无能为力，再到感受作者对时间逝去的无能为力，从而投入地用心灵去与文本对话，走进作者的内心世界。

再如四年级教材《钓鱼的启示》中作者对自己钓到大鱼时的狂喜和不得已放走大鱼时的悲哀的描写，情感十分浓烈，极易让学生感同身受。此处作为"情趣点"放大处理，让学生在与语言文字的真切触摸中领悟到"遵守规则说起来容易做起来难，但做到了就是一个了不起的人"。这种"情趣点"的挖掘适合所有年段，是最常挖掘的"情趣点"。

2. 与生活实际联系紧密处

有些教材内容是学生熟悉的生活，学生阅读文本时很自然地联系到自己的生活实际，因而学生乐学，学得好。

如第四册教材《雨后》描绘了雨后孩童踩水嬉戏的有趣情景。由于年龄特点，许多孩子喜爱玩水、踩水，那快乐的感觉常留心中。教材中对踩水、玩水之乐的描绘就可以作为"情趣点"。这种"情趣点"的挖掘尤其适合中低段。

3. 与时代元素联系紧密处

教材中的有些内容正好契合"当下"事件，时空的近距离让学生备感亲切，不由自主地产生亲近感。如第七册教材《飞向月球》，联系到"我国载人航天飞船的成功发射并安全返回"这个让所有中国人自豪同时也让孩子们感兴趣的事情。月球是什么样的？好玩吗？能住人吗？到月球上去容易吗？这些都是孩子们最为关注的问题。课文中对宇航员在月球上的生活情景的描述就可以作为教学的"情趣点"。这种"情趣点"的挖掘适合中高段。

4. 学生新旧知识联系紧密处

学生对存在于脑中的已有认知总有一种亲切感和自豪感，教学内容如果与旧知相关，自然就能触发学生认知兴奋点。如六年级教材《别董大》、《送元二使安西》是描写送别的古诗，学生之前学过《赠汪伦》、《黄鹤楼送孟浩然之广陵》，对送别诗的描写方式具备相关的认知基础，就可将诗所表达的送别时的意境作为"情趣点"挖掘，体会诗歌表达的思想感情，学生的感受会格外深刻。这种"情趣点"的挖掘适合所有年段。

5. 容易生发想象处

教材中有些内容很容易让学生浮想联翩，触发想象的乐趣。如《早操》（一年级上）一文，"小公鸡，起得早，跳来跳去，在屋顶上做操""小鱼儿，起得早，游来游去，在水里做操""小树苗，起得早，飘来飘去，在风里做操"这些句子将小精灵的调皮、可爱写得动感十足，很容易触发学生的想象。

6. 容易生疑处

疑能引思，思则生趣。教材中隐含着许多易让学生产生疑问的地方，这些地方往往引发学生探究的兴趣，触发学生产生弄清未知问题的迫切需要。我们在研究中发现，学生容易生疑之处常常在下面几个地方：

（1）课文的矛盾处。比如《小抄写员》一文，"叙利奥一声不响的受着责备，忍住了就要流出来的眼泪，心里却很高兴"。叙利奥受父亲责备应该懊丧才对，为什么还很"高兴"？

（2）课文内容有争议的地方。如《放弃射门》，作为一个足球队员，福特到底该不该放弃射门？

（3）难以理解的地方。如《威尼斯小艇》一文，"船头和船艄向上翘起，像新月的样子"，学生会这样质疑："这里为什么用'新月'，而不用'月亮'？""'新月'和'月亮'有什么区别？"

除此而外，还有些课文一看题目就让人生疑。如《"精彩极了"与"糟糕透了"》，"精彩"与"糟糕"截然相反，为什么要放在一起？这是文中人物说的话吗？是在什么情况下说的呢？有些是课文结尾让人生疑。如《凡卡》，"凡卡写的这封信，他爷爷能收到吗？为什么？""文章篇末为什么不用省略号？"

在研究中我们还发现，学生常常对课文插图很感兴趣，尤其是低段教材色彩明快，大面积增加充满童趣的彩图，极易唤起学生共鸣，激起学生兴趣。所以我们把课文插图作为教学的"情趣点"挖掘。如一年级上册"字与画"单元是识字教学的开始，插图形象生动地展现出汉字原来的样子、表明的意思及其非常有趣的演变过程，能很好地激发学生对汉字的喜爱。这种"情趣点"的挖掘尤其适合中低段。

挖掘教材"情趣点"的原则

针对有些老师在挖掘教材情趣点时出现随意性和盲目性，有的甚至出现与教学目标背道而驰的状况，我们明确提出挖掘教材"情趣点"时须遵循三大原则：

1. 服务于教学目标

教学目标始终是所有教学活动的出发点和归宿。所挖掘的情趣点必须服务于本课教学目标的完成，着力彰显语文学科工具性与人文性统一的特点，着力助推学生通过语言实践实现语言与精神的共建，实现语文素养的整体提升。不可为了"情趣"盲目挖掘，生硬地添加故弄玄虚、喧宾夺主的内容。

2. 以教学重难点为重

教学重难点是实现教学目标的重要依托，所挖掘的情趣点必须服务于教学重点的落实、教学难点的突破。当"情趣点"与教学重难点不一致时，要以教学重难点为主、情趣点为辅。记住"情趣"主要充当助手和"开胃"的角色。

3. 立足教材整体

挖掘教材情趣点时必须有全局意识，站在整体角度尊重文本内容和价值取向。所挖掘的情趣点须融会贯通文本内容，能带动、调控、牵引文本整体，不能立于一隅"只见树木不见森林"，随意曲解教材。

艺术化处理教材"情趣点"的策略

通过研究我们认为，本着尊重学生认知规律和心理特征的原则，站在儿童的立场和角度去艺术化地处理所挖掘的情趣点，能让语文课堂富有情趣。具体的方式有七种：

1. 游戏式

游戏式指根据儿童认知特点，将教材情趣点以游戏形式进行处理。

这种方式特别适合于低年级。首先，教师根据教学目标及情趣点确定游戏内容，然后制定游戏规则，再组织学生进行游戏，最后对学生的表现进行总结评价。

李小铃老师教学第三册《丁丁冬冬学识字二》，她紧密联系学生生活实际，将蔬菜的直观形象及其名称确定为情趣点。她让每个孩子都带几样蔬菜到学校来参加"蔬菜交友会"的游戏，游戏的规则是要能给同学介绍自己所带的蔬菜，认识蔬菜的汉字名字，还要认识同学所带的蔬菜及汉字名，认识一种就算交到一个朋友，看谁交到的朋友多。课堂上，她组织孩子们进入游戏中，引导学生用"有（　　），有（　　），还有（　　）"的句式说话；引导学生介绍蔬菜的名称、样子、颜色，并回答同学的提问；引导学生评价同学的介绍。孩子们笑呵呵、乐滋滋地说、评、问、答，教学目标在轻轻松松中达成。

采用游戏式处理情趣点需要注意三点：其一，游戏要有语文性，必须为高效达成语文教学目标而游戏，而不能仅仅是游戏；其二，游戏要有多样性，设计应丰富多样，不断创新，以牢牢抓住学生的兴趣；其三，游戏要有全员性，应面向全体学生，让每一个学生都参与其中；其四，游戏要有节制性，不能课课游戏，时时游戏。

2. 童话式

童话式指构建一种童话场景，将情趣点的处理置于童话场景中（案例一），或是直接将情趣点的处理童话化（案例二）。这种方式特别适合于中低年级。

案例一：曹洪湘老师执教中段作文课《趣味书信，放飞想象》，她确定的教学目标是激发学生想象，并培养学生尽情表达想象的能力。孩子们特别喜欢幻想并长于幻想，曹老师将"想象"确定为情趣点，并将其处理置于一个童话场景中。开课这样描述："昨天晚上，我做一个梦，梦见自己漫步在滨河路上，走着走着，走到一棵老树下时，老树给了我一封信，请我交给你们，并让你们看完信后，帮它交给啄木鸟先生。今天，我将老树的这封信带来了，按照老树先生的嘱咐，先请你们看信。想知道老树给啄木鸟先生写什么吗?"。同学们在童话场景中形成了学习的期待,接下来的阅读活动(阅读书信)的精神集中程度、阅读效率都很高。

案例二:低段识字教学中,汉字的形常常就是情趣点所在。彭艳艳老师常常采用"汉字说话"直接将情趣点童话化。如教学"森、众、清"这几个字时,让学生猜它们在对我们说什么。"我是'森',我的怀里全是'木';一看就知道我有很多树""我是'众',三个人挤在一起,说明人很多";"我是'清',一看就知道我肯定跟水有关"。童话式把一个个方块字变成了活生生的有生命力的朋友,改变了单纯识字教学的枯燥乏味,激发了学生对汉字的兴趣,增强了自主识字的能力。

童话作为一种文学体裁,本身就是很好的"语文";另一方面,童话是儿童的代名词,儿童的世界就是童话的世界。因此,童话式既适应儿童的心理需要又能充分体现"语文性"。当然,需要说明的,并不是所有的情趣点都适宜用童话式,也不是一节语文课从头至尾都用童话式,而是根据需要灵活安排、恰当运用。

3. 图画式

图画式指在处理情趣点时,将语言文字的内涵转化成生动形象的图画,或者将生动形象的图画转化成语言文字。前者主要用于中高段,后者主要用于中低段。

(1)将语言转化成形象的图画。

一种是将语言转化成简笔画、剪贴画、投影片等直观画面。还有一种是将语言转化成脑中的虚拟画面,可以对一个词转化,也可以对一句话或一段话转化。王莹菊老师教学《我想》的第一小节,学生在充分朗读的基础上描述头脑中出现的画面:"我仿佛看到春天来了,桃花绽开了美丽的笑脸,一个小朋友把小手接在桃树枝上,小手上也开满了桃花,多有趣啊!""暖暖的春风吹过来,桃花在风中轻轻地颤动。""我还仿佛看到布谷鸟飞来了,因为这桃花太美了!"

(2)将形象的图画转化成语言的表达。

一年级老师进行声母"g"的教学时，根据确定的教材情趣点：插图上一只白鸽衔着形如"g"的橄榄枝在空中飞动，橄榄枝呈"g"的形状，白鸽的"鸽"的暗示"g"的读音。老师首先让孩子们用自己的话说说看到了什么，利用图画对学生进行语言表达训练。然后老师告诉学生，一个拼音字母也读鸽子的"鸽"音，它就是"g"，为学生架设由形象到抽象的桥梁。在学生知道了"g"的读音和形状后，教师将图画去掉后说："看着'g'，你们看到了什么?"学生纷纷描述之前看到的图画，将抽象的符号又还原成形象的图画，既检验了学生对读音的掌握，又促进了学生的语言表达。

这种方式主要用于处理情趣点是"插图"或容易生发想象的情趣点。

4. 角色体验式

角色体验式针对情节性强的情趣点，学生将自己当作文中的人物，深入走进人物内心，近距离触摸人物心灵，理解人物语言、行为动作以及思想感情。主要有四种方式：

（1）以表演方式呈现。设置表演情景时，根据课文内容不同，形式可以不拘一格。全文表演、片段表演、化装表演、即兴表演、小组表演、个人表演等。但须注意表演是在熟读课文之后，且表演不能游离于语文学习之外。

（2）以朗读方式呈现。学生以文中人物身份细读课文后，将自己的感受读出来。伍文艺老师教学四年级《钓鱼的启示》，让学生将自己当作酷爱钓鱼的詹姆斯，去体会詹姆斯钓到鱼时的心情，学生在朗读时采用各不相同的语调，淋漓尽致地表现出了詹姆斯钓到鱼时的极度喜悦。

（3）以说话方式呈现。这是指学生深入角色体验后，以角色身份说出自己的内心感受。

（4）以写的方式呈现。这是指学生深入角色体验后，以角色身份动笔写出自己的内心感受。

其中，第一种方式主要适合低中段，第四种方式适合中高段，第二、三种方式适合所有年段。

5. 生活链接式

生活链接式指将教学内容与学生生活实际紧密链接，以生活的直观帮助学生感悟文字的内涵，或者引发学生更好地表达。

许道敏老师教学一年级教材《燕子妈妈笑了》，所确定的情趣点是"小燕子在妈妈的诱导下仔细观察冬瓜和茄子的不同的过程"。学生联系生活中所见，"冬瓜大，茄子小""冬瓜是青的，茄子是紫的""冬瓜皮上有细毛，茄子柄上有小刺"这些句子一读就懂，感受到小燕子"新观察""新发现"时的高兴心情，并用朗读表现出来，非常富有童趣。

三年级朱月老师在习作训练课上让学生描写中秋节那天吃月饼的情景，生活场景的再现让孩子们充满灵气的句子"一大早，我看见餐桌上摆满了各种口味的月饼，兴奋极了！头也不梳，脸也没洗，抓起一块月饼就往嘴里塞！""爸爸狼吞虎咽地就把月饼吃了，姐姐像小馋猫一样，三下五除二就把月饼消灭了。我呢，吃得肚子都快撑破啦！"

这种方式主要针对生活气息浓郁的情趣点，既可以用于阅读教学，又可以用于习作教学。

6. 质疑问难式

质疑问难式主要用于处理学生易生发困惑和疑问的情趣点，让学生在问题的引领下，沉浸于文本中去思考、去发现。可分为两种：

（1）老师引导学生质疑

伍文艺老师教学四年级教材《钓鱼的启示》，她确定的情趣点是詹姆斯钓到大鱼和不得已放走大鱼时的心情，为了体会"放鱼的悲哀"，伍文艺老师引导学生："读这个部分，可以提哪些问题帮助我们体会詹姆斯此时的心情？"学生纷纷提出"詹姆斯在大叫'爸爸'的时候什么心情？""詹姆斯看到四周无人后又看着爸爸，他想对爸爸说什么？"等问题，接下来学生围绕这些问题细读课文并作旁注，非常投入。这种方式主要适合于中低段。

（2）学生自主提出问题，老师进行梳理

朱月老师教学《成吉思汗和鹰》，学生一读句子"今天我得到了一个沉痛的教训——永远不要在发怒的时候处理任何事情"，就提出了几个问题。老师梳理后与学生共同确定探讨两个问题：成吉思汗从什么事中得到教训的？为什么不要在发怒的时候处理事情？整堂课仅仅围绕这两个问题展开教学，牵一发而动全身。这种方式主要适合于中高段。

需要注意的是，不管是哪种方式，老师的介入都不能表现强势，引导要点到为止，要让学生感到是自己提的问题，自己在想办法解决，否则就会削弱参与的主动性和积极性。同时，还要注意教给学生质疑方法，使学生不但想问、敢问，还要善问。

7. 话题推动式

以一个中心话题作为课堂教学活动的支点，牵引、推动和整合课堂的所有细节，这就是话题推动式的教学。其操作程序是：①设置话题；②自主思考；③交流对话（形式根据需要灵活安排，同桌交流、小组交流或全班交流等）；④总结陈述（形式可以多样，教师精要归纳、学生动笔表达等）。

毛琼英老师教学《西门豹治邺》，设置话题为"古代十大智慧人物评选，西门豹被选中了，请你为他写一段颁奖词，你会怎么写？"此话题与时代元素相连，富含情趣，为学生自主阅读文本、思考探究注入了欲望和动力，远比"西门豹是个什么样的人？""西门豹的智慧体现在哪里？"这些枯燥的问题所产生的效果要理想得多。

首先学生进行充分的自主阅读，在独立思考的基础上与同桌交流，进一步梳理自己的思路。然后进行全班交流，相互启发，提升认识，老师相机点拨，引导学生抓住西门豹的事迹，对他作出恰如其分的评价。以此引导学生站在全局的高度对西门豹进行评价。最后，在学生都想一吐为快时，布置学生动笔写，再次感知西门豹的大智慧，再次感知用词的准确和精妙，学生语文素养得到提升。

　　话题推动式的概括性和包容性较强，可以用于各种类型情趣点的处理，其优势体现在：精要的课堂提问（往往只有一个）让阅读教学跳出"繁琐分析"的怪圈，让课堂空间充满广阔性和弹性，学生的思维宽度和广度拥有无穷张力，学习完全是自主的、个性化的。但若操作不好，优势就会变成劣势，需要注意三点：①问题的设计非常关键，其内涵要极为丰富，要让全班同学轮着说一遍都有内容可说，且不会重复雷同。②班级学生要具备一定的自主阅读能力基础，所以这种方式一般用于高段或中段阅读能力强的班级。③这种方式对教师驾驭课堂的能力要求较高，教师必须加强教学技艺的修炼。

　　上述七种方式在课堂上常常综合运用，富有灵变性，不拘泥于一种或两种，而是你中有我，我中有你，"你""我"携手共进，如《西门豹治邺》的教学既用到了话题推动式，又用到了质疑问难式。

第三篇

➡ "小学语文情趣课堂" 论文

从名师课堂探讨语文课堂的魅力所在

包蕾

名师们的语文课堂，自然、平易、和谐，不那么"郑重"，也不那么"庄严"，似乎还显得有些随意。但是，这样的课堂偏偏让人觉得舒心、愉快，似有一种魅力如磁铁般吸引着学生和观课的老师们。如一杯好茶，观之寻常，只有含在口中，浸在舌尖唇底，那份美妙才会让你如饮醇醪、回味无穷。名师们课堂教学的秘诀到底在哪儿？咂着，品着，悟着，一个越来越醒目的核心词语熠熠生辉：情趣！对了，就是情趣，既有"情"，又有"趣"。名师们课堂情趣的主要元素有哪些呢？下面以支玉恒老师的课堂为例探讨：

一、营造童化的课场，给课堂松软的土壤

松土是种植的基本常识。植物生长需要松软的土壤，那么人的成长呢？结论不言而喻。课堂里适合儿童生长的土壤是什么样的状态？毋庸置疑，是童化了的土壤，土壤里充满了童真、童趣、童语、童韵等滋养儿童成长的营养因子。而这样的土壤必定生成于一个童化了的课场。

拥有童心是营造童化磁场的前提和关键。在《四年级作文——画景写景》教学中，支老师与孩子们约定，谁的主意奇特谁就刮老师鼻子，如果不奇特就让老师刮鼻子。结果老师和学生还真的都被刮了鼻子，课堂里笑声不断。支老师让学生刮鼻子，这是把自己融入了学生的行列，与学生站在平等的地位，把自己当作了儿童。正因为拥有一颗童心，七十多岁的支教师童化了自己，蹲下身子将自己的视角与孩子的视角等齐。

更为重要的是，支老师怀着一种博大的悲悯情怀对童心予以细致的呵护和体贴。教学《曼谷的小象》，有学生问"潇洒"是什么意思，支老师没有直接讲解，而是用动作演示。他用右臂作象鼻，直挺挺地垂于胸前，两肩耸起，一边拖小步向前挪动，一边问学生："这个样子潇洒不潇洒？"学生大笑，纷纷说："不潇洒""太拘束，太僵硬，不自然"支老师又用手臂很自然地模仿小象鼻子，屈伸自如，迈大步向前走，然后问学生："潇洒，是这样吗？"学生笑着回答："是。这样很大方，很神气。"在这里，支老师以自身的激情和赋予儿童化的肢体语言，将教学内容童化、趣化、活化，用恰到好处的幽默感染学生，引发童趣，激发学习激情。

在支老师的诸多课堂上，像这样基于童心、服务于童心的教例随处可见。支老师的童心与学生的童心产生共鸣，形成了生动活泼、积极向上的课堂磁场，师生进入一种忘我的状态，教与学的配合自然、默契，学生对学习产生极大的兴趣，对课堂产生企盼和依依不舍的情感。

二、简约教学步骤和提问，给课堂弹性的空间

一堂课，如果环节过多，构成精巧严密，环环紧扣，环环扣死，这样的课堂很难有灵动可言。只有将手指松开，空间才富有弹性，情趣才会滋生，生成才会精彩纷呈。

教学《只有一个地球》，支老师只提了一个问题："读了这篇文章，你的心里是什么滋味？"老师要学生不仅说出是什么滋味，还要说出依据，如课文的哪一段使你感到甜，怎么甜？为什么甜？读出来，让大家听他读得甜不甜，哪一句读得甜，哪一句读得不甜，帮他读。老师借这个机会进一步引导他深入地体会情感，进一步进行朗读指导，通过朗读来领悟，再通过朗读把这种领悟表达出来，传递出来。整个课堂就这样进行。有的同学说体验到酸，有的感到辣，有的感到苦，有的说是什么味都有，还有的说同样一段话别人感到甜，可他感到酸，老师问为什么，学生说："老师听我读。美丽的……"老师说："你看，多美啊，你为什么感到酸呢？"学生说："正因为它美，今天却遭到人类这样的破坏，所以我更感到辛酸。"

环境心理学认为，人的行为会受到空间的影响，在开阔的空间里，人的思维宽度和广度拥有无穷的张力，思维活跃而富有个性。天高才能任鸟飞，海阔才能凭鱼跃。只有给学生一个高远的天空和宽阔的海洋，学生才有自由发挥、自由表达的空间，才有自主的、个性学习的可能。相反，如果教师所给空间狭窄，就会束缚学生思维，个性体验无从谈起，课堂就会了无生趣。支老师的课堂，结构极其简约，问题极其精要，内涵却极为丰富，课堂空间弹性十足，学生的学习伸缩自如。"读了这篇文章，你的心里是什么滋味？"对于这个问题的回答，全班同学轮着说一遍都有话可说，而且内容绝不会重复雷同。《语文课程标准》中所强调的学生在学习过程中的独特体验在教例中处处得以彰显。学生的学习完全是自主的、个性化的。有了个性化的学习和体验，学生就有了个性化的表达。课堂，亦因此风生水起、多彩多姿、情趣味十足。

三、强化固守学习兴趣，给课堂充足的水分

兴趣之于学习的重要如同充足的水分之于植物的生长，因而对培养学生学习兴趣的探讨从来没有停止过。教师的语言幽默有趣，课件丰富多彩，课文内容生动活泼，这些固然能激起学生兴趣。但这些都是表面的、外在的东西，是次要的，不能持久的。马斯洛的需要层次理论认为，人类的需要是分层次的，由低到高，自我实现的需要是最高等级的需要，能让人产生成就感。成就感让人活跃地、全神贯注地体验生活（学习）。马斯洛还认为：在人自我实现的创造性过程中，产生出一种所谓的"高峰体验"，这个时候是人处于最激荡人心的时刻，这时的人具有一种欣喜若狂、如醉如痴的感觉。所以教师要解决学生的学习兴趣问题，最根本的还是要满足学生自我实现的需要，让其从内心里感到从课堂上有所收获，体验成功的喜悦，经历"高峰体验"，这才是最可靠的兴趣的来源。基于认识水平的局限，学生获取新的收获必须缘于教师的点化。在支老师的课堂上，教师对学生的点化贯穿课堂的始终，信手拈来，春风化雨，给予孩子们提醒、总结、启发，让他们的认识得到提升。

《飞夺泸定桥》教学一开始，支老师就直截了当地对学生的质疑进行了导向和方法指导：今天我们共同学习《飞夺泸定桥》。同学们已经熟读了课文，也自学了生字词，在读课文中有什么问题，自己想不明白的现在可以提出来。但要注意，看谁提的问题质量高。要着重考虑文章的中心、写法、结构，不要纠缠在个别情节上。学生提出的问题都抓住了文章重点和要害，支老师给予了充分肯定并提出了下一步学习要求。孩子们由于获得成功而受到鼓励和表扬，感到一种心理满足，喜形于色，眉飞色舞，这是积极的情绪体验。老师更加强化了这种情绪体验。这种满足和兴奋，又产生一种继续追求得到满足的需要，产生了进一步的动机和兴趣。

《放弃射门》的教学在课堂接近尾声时，学生对"福勒算不算一个好球员"这一问题仍不能达成共识。支老师总结说，今天我们也不要求达到统一的认识，因为毛泽东主席也说过，思想的问题不是经过一次辩论就能达到统一的，那是需要慢慢解决的。但是我要请大家思考一个问题"一个球的胜利重要还是人的生命和健康更重要？"课虽尽而意无穷。老师的话深深地撞击着学生的心灵，引发着学生的深层思考。思考结果本身已不重要了，重要的是学生获得了思考的体验，离自己的最近发展区又大大跃进了一步。而这种体验和进步让学生在成长的过程中经历着收获的自我认可，随之而来的成就感也会让他们以积极的心态期待下一次学习的来临。

总之，教师从满足学生自我实现的角度出发不断强化学生的学习兴趣，课堂就会溢满利于学生成长的充足水分。

结语：

语文课堂有了情趣，语言文字的训练不再枯燥乏味，语言文字的触摸不再麻木钝感，语言文字的体悟不再没有温度。学生们的心理状态是舒坦自如的，课堂对话是轻松灵动的，思维的驰骋是信马由缰的。他们感受富有生命的语文，舒展心底的童真童趣，享受成长的快乐，实现生命的发展。语文因儿童而语文，儿童因语文而儿童。

语文课堂因为情趣的潜入而魅力无穷。

（2009年9月获成都市小语专委会第15次学术年会论文评比二等奖）

我心中理想的语文课堂

王莹菊

我心中理想的语文课堂是高效而富有情趣的。一方面所有的教学活动能高效地发展学生的语文素养，另一方面教学的过程充满情趣，二者相辅相成，和谐共促。这样的课堂科学、真情，富有格调品味，是师生共享教学幸福的精神家园。这样的课堂有三个特质：童真、童趣、童韵。"童"特指儿童、童心，是"三童"的核心。"基于童心"是所有认识和探讨的出发点和归宿。

一、童真——符合儿童认知规律，是情感、智慧的课堂

"童真"的"真"指客观事实、内在规律和基本原理，包含知识、真理、真情、知性、自信、智慧等。童真的课堂符合儿童认知规律，其特质是情感和智慧。

（一）情感：情趣课堂的基础和核心

情感是人对于客观事物是否符合自己的需要而产生的态度（肯定或否定）的心理体验，如喜欢、悲伤、愤怒、恐惧、爱慕、厌恶等。情感能让师生融入到教学情境之中，受到激励、唤醒、鼓舞和感动，用生命的经历去感悟、体验教学内容，获得思想启迪，享受到审美乐趣。情感之于课堂，如水之于鱼、氧之于人，缺之，则鱼死人亡，生息全无。我们应该明确提出"多情善感乃语文本色""情深深则趣浓浓""无情的课堂是无趣的课堂""情感是课堂之本"等响亮的课堂教学口号。判断课堂是否富有情感主要有两点：

——课场充盈情感课堂形成热烈、浓郁的良性情感场，流动着文本所蕴含的爱恨情仇，流动着师生对文本的热爱，流动着师生多向互动的深情。师生在这个丰富的情感场里互相感染（教学内容感染教师和学生，教师的教学热情感染学生，学生的学习热情感染教师……），互相影响，互相促进，课场中充盈着教与学的成就感、满足感、欣赏快乐、高峰体验等高级审美情感。

——师生喜怒形于色，师生的情感随着课文情感的起伏而推进、延续，进入富有真情实感的场景中体验角色的酸甜苦辣，或醉或喜，或悲或怒，完全形于神色。如优美散文《三月桃花水》词句清新淡雅，韵味无穷，教学中师生面露微笑，满含陶醉，诵读时悠扬婉转，进入诗情画意的境界；《歌唱二小放牛郎》一课，敌人的凶残、狠毒让人满腔愤怒，二小的勇气和智慧令人崇敬，不同的情感带给师生不同的声音和表情，课堂荡气回肠。

（二）智慧：情趣课堂的生命力

——循序渐进课堂活动切合学生已有认知特点，贴近学生最近发展区，循序渐进。低段课堂以直观形象为主要形式，感性成分多，课堂外部呈现偏向于"热闹"（热闹作为一种达成教学目标的手段，绝不是表面和形式），如课文的感悟体会主要采用演读等肢体活动较强烈的方式进行。中段开始到高段，逐渐"安静"下来，理性成分加重，如课文的琢磨玩味主要采用品读欣赏的方式进行。

——深入浅出。教师善于设置生活情境，生动地把知识化解，帮助学生从一个低的台阶，很轻松地迈上一个高的台阶。如低段主要采用师生互动型策略将教学内容尽量具体化、形象化；中高段主要采用学生主动参与型策略将教学内容内化为自己的理解。

——个性化。教师在教学过程中经常地，时不时地冒出智慧的火花，善于提供给学生创新思维的方法和策略，善于"设疑布惑"。学生的思维、思想不断地被唤醒、激发和升华，善于平淡中见新奇，充满好奇、多思、质疑和标新立异。课堂"异彩纷呈，各显特色"。

——高效性。既能克服传统课堂满堂灌、沉闷、消极的弊端，又能防止新课改后"从满堂灌到满堂问，形式上热热闹闹，本质上高耗低效"。教学效率高，教学效果好。

二、童趣——符合儿童的教育原则，是趣味的课堂

童趣的课堂从满足学生情感需求的角度去调动其学习积极性，符合儿童的教育原则，具有趣味性和愉悦性，是趣味的课堂。

趣味包含两个层面：学生有兴趣地学，学得有兴趣，即趣学、乐学；教师有兴趣地教，教得有兴趣，即趣教、乐教。

"趣学"绝不是学生浅层次的情绪和愿望得到满足后的"趣"，而是使学生的情感升华到审美愉悦的境界后产生的"趣"。我们对趣学、乐学的认识是："趣""乐"是一种主观心理感受。根据情感心理学原理，教学活动本质无所谓苦或乐，乐学的对立面不是苦学而是厌学，如果教学建立在学生学的基础上，教学的组织既适合儿童的认知特点，又符合儿童的需要特点，尽管有时候客观上教学过程充满曲折和不易，但教学活动却能真正引发学生的愉快体验，苦中有乐、虽苦犹乐、苦转化为乐，这种"苦"属于客观上的刻苦而非主观上的痛苦，与"乐"和"趣"并不矛盾。

趣教、乐教指教师自身对教学活动感到兴致勃勃，并让教学活动变得有趣味，它是教师自身工作价值意义和职业幸福追求的需要。趣教、乐教是趣学、乐学的前提和手段，趣学、乐学是趣教、乐教的结果和目的。二者相辅相成，辩证统一。富有童趣的课堂，其外部呈现出四个特征：

——语言真实个性。学生童声童语流露真情实感，没有假话、套话、空话，做到"我口说我心"。教师语言真情有效，范读课文时注重抑扬顿挫，生动传神地展现文本所描绘的情境；引导学生时清晰简洁，表达观点明确有感染力；评价学生时准确有针对性，给予学生鼓舞与导向；组织学生时亲切温馨，并力求幽默风趣。

——眼神专注传神。师生眼神有力且内涵丰富：赞同、欣赏、佩

▲小学语文情趣课堂的研究▼

服、惊讶、疑问、肯定、否定……学生注重眼神的坚定专注，不游移；教师注重眼神的传神，能根据不同的教学内容和教学要求表达自己的内心情感和意愿，给学生以感染、激励和导引。

——表情生动丰富。随着教学情境的不同，师生表情自然灵活地变化。如陷入沉思时双眉微蹙或若有所思，问题得到解决时释然轻松，获取新发现、新收获时兴奋欣喜，受到激励时自豪喜悦，得到认可时欣慰愉快……

——动作和谐有力。师生手脚摆放自然有力，身体随着教学内容的变化或紧张或舒缓。如教师在教学高潮处动作幅度大甚至夸张，启发学生思考时身子微微前倾，学生说得精彩时既鼓掌又点头等。学生听到同伴精彩发言时自发鼓掌，教学内容引人入胜时小嘴微张或情不自禁挺直身子，需要动手做和动笔写时动作麻利等。

三、童韵——符合教育教学的节奏，是富于美感的课堂

童韵的课堂符合教育教学的节奏，富有韵律感、审美感，是富于美感的课堂，其特点有：

——动静相生

这是就教学活动的外部表现而言。"动"指在教学活动中学生情绪饱满、积极主动、思维敏捷、讨论热烈，课堂生动活泼；"静"指在教学活动中学生注意力集中、思维专注、情绪稳定，课堂安静平和。动静相生指动静合理搭配、巧妙转换。如学生答问、讨论后，教师总结、板书，学生做笔记，课堂由闹转静；学生自主思考后交流、汇报、评价，课堂由静转闹。师生在静与动的和谐统一中获得一种教与学的美的享受。

——疏密相间

这是就教学活动信息的密度。"疏"指教学信息传递间隔大、频率小、速度慢，给人以舒缓、轻松的感觉；"密"指间隔小、频率大、速度快，给人以急促、紧张的感觉。教学信息疏密相间，学生的思维犹如一层层的涟漪浮荡，在张弛起伏中，求知欲被调动，学习内容的理解也层层深入。课堂产生一种动态的流动之美。

——快慢适宜

这是就教学过程的速度而言。快节奏时，学生思路跟得上；慢节奏时，学生适度紧张。快、慢节奏交替灵活、转换柔性，教学过程如行云流水般顺畅自然。如新课引入快，重难点讲得慢；学生易懂的内容讲得快，学生记笔记时讲得慢；两个小步骤之间的转换快，两个大步骤之间的转换慢等。

上述几点在课堂教学中相互整合、渗透、有机整合，形成具有韵律感和美感的和谐课堂，使教也愉快，学也愉快。

"童真、童趣、童韵"三者和谐融合、互促互补、相得益彰。情生趣，趣生情，情趣促发展。教师与学生组成"学习共同体"，两个主体充满活力地全身心投入教学活动，共同参与，相互作用。教师的主体性唤起学生主体意识，发展着学生的主体性，促使学生自主地学习，其劳动闪现出创造的光辉和人性的魅力；学生的主体性从各个角度不断地得到强化，人文素养不断丰富，学科水平不断提高，同时也良性地刺激着教师的主体性。课堂丰富着师生的生命意义，成为师生共同发展的精神家园。

（2008 年 5 月获大邑县教学成果评选一等奖）

试论品读欣赏语言对学生言语情趣形成的功用

孙祥辉

在语言教学中，引导学生品读欣赏语言是语文教师经常采用的教学方法。在新课程的改革的实验中，在《语文课程标准》中都把学生的言语的习得摆在了突出的重要的地位之上。认为语文教学的实质就是言语教学。认为语文教学是"读"占鳌头。在新课程理念的指引下，现今的语文教学的确是发生了可喜的变化，教学中人文精神的元素大大加强，表现在语文教师们在语文教学中减少了理性，增加了情趣，已经意识到利用"言语物质"内涵的情趣元素，培养学生学习语言的情趣，使语文教学走入了情趣的教学中。可是，在实际的语文课堂中，虽然教者在潜意识中确立了语文教学的"情趣观"，但是却对语文教学中情趣的培养指向甚为模糊，甚至无所适从，把语言教学的情趣培育功能窄化了，仅仅理解为兴趣化或趣味化的语言学习。实质上，语言的学习对学生情趣的形成是多方面。下面，笔者借助语言品读欣赏谈一谈品读欣赏语言对学生言语情趣的形成功用。

一、品读欣赏语言，滋养学生情感丰富的情趣

语言塑造形象，"言为心声"。可见语言这个"物质材料"比之其他的物质材料，能更直接而自由地将情感通过语言贯注于形象之中，流溢在字里行间，具有突出的情感感染性和情感的陶冶性。由此可见，在语言教学中抓住文章中的精典语言、精美语言和重点语言引导学生品读、引导学生欣赏，语言中内涵的情感情趣便会通过品读欣赏感染和陶冶学生，从而丰富学生的情感情趣。比如在教学课文《再见了，亲人》一课，引导学生抓住大娘、小金花、大嫂是怎样帮助志愿军的事迹语句品读，便会领悟志愿军把朝鲜人民当亲人的情感，领会中朝人民用鲜血筑成的血肉亲情之情感，这"情感"的领悟便会传递给学生，使学生生成新的情感。如读《小抄写员》可抓住描写小抄写员的心理活动的语言品读，诱发学生升腾起承担家庭责任、爱父母、善劳动的情感。如读《狐狸和乌鸦》则抓住狐狸的语言品读，可让学生产生否定性的情感——否定欺骗的行为。可见这既是滋养学生的情感情趣，也是滋养学生言语学习的情趣。

二、品读欣赏语言，激活学生言语想象的情趣

语言塑造的形象及其所表现的生活和情感，对于作者而言，凝固了自己的想象，甚至就是作者想象的产物。而对于读者（学生）来说，则必须在理解语言的基础上才能感受形象，并通过经验想象而实现为自己心目中的形象，了解其内涵意蕴。从这个意义上分析，学生言语学习中言语想象的情趣的培育，应当而且必须引导学生品读欣赏富含形象情趣的语言。

品读欣赏语言，能培育学生敏锐的感知想象情趣。要让学生把握作品的形象，让学生在想象中感知到形象，生成自己动脑中的再造形象，就须让学生抓语言、抓语词，在品读中多感知、多想象、多联系生活实际。比如学习贺知章的《回乡偶书》的"少小离家老大回，乡音无改鬓毛衰"就应当引导学生品读"乡音""鬓毛"和"老大回"等词语，让学生在感知中生成"听见乡音""看见鬓毛和老大返乡的情景"，使学生在玩味语词中形成想象的情趣，享受语文的快乐。

品读欣赏语言，也可以培育学生深刻的理趣。理性的认识如钱钟书所说："理之在诗，如水中盐，蜜中花，体匿性存，无痕有味"。告诉我们美的情趣并不仅仅在于感性认识，理性融于感性语言之中，使语言渗透着理性，可见理解语言，也是一种情趣，是精神愉快和理性思考的"双合"，较之感性的情趣更高一层。比如苏轼的《题西林壁》一诗，堪称"理之在诗"的极品。教师引导学生深入品读"不识庐山真面目，只缘身在此山中"，理解"不识庐山"的原因是"身在此中"的道理，以此展开想象，举一反三，化诗中蕴含的哲理于日常生活的事例中。这样的学习让语言"生趣（产生了情趣）"、"生理（产生了理趣）"、"生活力（产生了学习的活力）"。学生在品读中欣赏语言，在欣赏中生成道理，享受语言的理性之趣，这样的课堂当是情趣的课堂。

引导学生品读欣赏语言，就是要让学生"入乎其内"，进入语言中，一方面通过情感体验，生产感情上的共鸣，享受情感之"情"。另一方面又要引导学生"出乎其外"，在感受理解的基础上，进行理智冷静的分析和思考，获得理解之"趣"。

三、品读欣赏语言，陶冶学生意志性格的旨趣

语言中富含的"美丑的矛盾，善恶的冲突，好坏的区分，褒贬的赞斥"等，既陶冶学生的情感，也培养着学生的意志性格。

语言中塑造的人物形象，是为学生提供意志性格的范例，是塑造学生性格、锻炼学生意志的重要途径。如果学生在品读中对典型人物的优良性格，坚强意志产生赞赏，便会去模仿，从认同到表同，到同化，这是一个"内心操练"的过程。比如阅读《铁杵成针》这样一个故事，品读老奶奶说的语言，诱导学生从"铁杵"与"针"的大小比较中想象，把如此大的一根"铁杵"要磨成如此细小的"绣花针"的艰难程度，需要何等的坚强的意志才能完成，当学生从语言中悟出了这层意思，再加以心理的认同，自然而然对学生的意志性格的形成便成了"动力"。所以只要抓住了语言内涵的情趣培育元素，运用品读欣赏的情趣阅读方式进行教学，肯定就会对学生情趣品格形成产生积极的促进作用。

四、品读欣赏语言，建构学生语言审美的情趣

语言所包含的情感陶冶、想象激活和意志性格的塑造情趣培育功能，从语言的内在美趣中进行挖掘的，这三者形成了一个人情趣品格的重要内容——良好的情感，丰富的想象，坚强的意志。同时语言的外在形式的美趣，在品读欣赏的过程中，学生也会享受到语言的审美情趣。比如享受诗歌的节奏美、音韵美，散文的空灵美、神韵美，议论的结构美、逻辑美等等。再比如享受语言中修辞描写的巧妙美，语言的华丽美、简约美等等。这些语言本身所具有的审美情趣，在学生品读欣赏中语言就成了学生的精神"食粮"，在有意与无意中升华了学生言语情趣。虽然有的"只能意会，不能言传"，但是这种潜移默化，心领神会的审美情趣教育，既获得了语言的训练的效果，又收成了审美情趣的培育成果，是符合语言学习的规律的，也将僵硬的课堂化为情趣的课堂，审美的课堂，魅力的课堂。

综上所述，在语文教学中，教师只要紧紧抓住语言，努力挖掘语言外在和内在富含的情趣元素，在品读欣赏的过程中，去培育学生的情趣品格，语文教学中的学生的语感和情趣定会"秋水共长天一色"。最后以全国著名语文特级教师于永正的座右铭"少些理性，多些情趣"与大家共勉语文教学。

（县级骨干教师培训讲座讲稿）

让孩子唱出心中的歌
——儿童视野下的阅读教学

黄艳

阅读就像唱一首歌，既是对音乐的再现，也是自我的创造。人们常说："一千个读者就有一千个哈姆莱特"，阅读又如自观明镜，"仁者见仁，智者见智"，它自古以来就是一种高度个性化的心智活动。《语文课程标准》（以下简称《标准》）也指出："阅读是学生的个性化行为，不应以教师的分析来代替学生的阅读实践。"所以，无论课内课外，我们都要努力让孩子读出心中的声音，才能把阅读和自我有机的结合起来，达到心灵的契合，产生情感的共鸣。在美好的再创造中，唱出心中的"歌"。在儿童的视野下，作为语文教师的我们又该怎样去做呢？

一、珍视体验，拓展视野

阅读教学应摈弃教师的繁琐分析，减少理性的分析。《标准》指出要"珍视学生的独特感受、体验和理解"，"让学生在积极主动的思维和情感活动中加深理解和体验"，引导、鼓励学生对课文进行多元解读。如杨晓玲老师在教学《放弃射门》时设计了如下问题：你认为福勒该不该放弃射门呢？从课文中和生活中寻找理由来证明你的观点。学生在通过对文本深入的学习后，就会形成自己的见解，比如有的学生说：福勒不该放弃射门，因为这场比赛对整个球队和他本人来说都非常重要。还有的学生说：福勒应该放弃射门，因为人的生命重于一切。从人性的角度来说，福勒是否放弃射门都是可以理解的，但通过学生自己的阅读和阐述，学生独特的见解和人生价值观就得到了展示。在他们无拘无束的阐释和面红耳赤的争辩中，有力地释放了自己的人性、灵性和人生感悟，拓展了个性化阅读的视野。

二、以读带讲、尊重朗读时的个性表现

在语文教学中，很多老师常常在学生还未对文章进行充分的朗读时就对文章做了大量的支离破碎的分析。俗话说"书读百遍，其义自现"。在阅读教学中，我们不能一味地摒弃古人优秀的教学经验。以讲代读，常常会把学生的思维限定在老师的引导中，而缺乏自己的感悟，久而久之学生对语言的感悟会变得迟钝。所以在教学中教学不要急于对课文进行分析，而应该先让学生充分的阅读课文，通过多种形式的朗读，让学生自己去感悟文本，并在班上鼓励学生进行交流和个性化的展示，这样学生的语感才会越来越强，对文本的解读才会有自己的思考，对语言的运用才会有自己的表现。对一篇文章不同的学生常常会有不同的朗读表现，就是因为他们有不同的语感体验和对文本不同的理解。在阅读教学中，我们不要忽略一个问题，文学不是一门技术，而是一门艺术。是艺术就应该有个性和灵性，这些都不是教师的分析能造就的。

三、尊重差异，展示才智

《标准》建议要"尊重学生的个体差异，鼓励学生选择适合自己的学习方式"。这就要求因人而异，因文而异，让学生用自己喜欢的方式来阅读、理解，把不同的看法、独到的见解尽情表达出来，使每个学生获得最大限度的发展。笔者在教学《晏子使楚》"再读课文"时，对学生提出："你们都是学习的主人，愿意怎样学习这篇课文？"有的说："我打算边读边想来学习课文。"有的说："我认为反复诵读效果更好。"有的说："我们想演一演。"还有的学生说："我想列个表格来分析……"学生以自己的爱好、特长选择适合自己的方式进行自主学习。朗读的把文中的对话读得绘声绘色，画画的把抽象的文字转化成形象的画面，表演的把楚王和晏子演得活灵活现，有的声情并茂地朗读了当场写的《晏子颂》，还

有的滔滔不绝地交流了学习体会。这样，留给学生个性化阅读的权利，通过教学过程中阅读空间的拓展，学生的自主性真正调动起来，不时闪出智慧的光芒和个性的亮点。课堂成了学生张扬个性、展示才智的平台。

四、入情入境，丰富内涵

《标准》强调要"逐步培养学生探究性阅读和创造性阅读的能力，提倡多角度有创意的阅读"。多用延时评价，少用即时性和终结性评价，充分尊重学生的个体主观能动性，让学生各抒己见、自圆其说，有利于创造性阅读能力的培养。教学《圆明园的毁灭》时，让学生设身处地地思考：面对这些猖狂的英法联军，如果当时你是当时的皇帝，或者是其中的一个大臣，一个士兵甚至一个普通的老百姓，你会怎样想，怎样做？有学生说："我会跟他们拼命！"有的学生说："如果我是当时的皇帝，我一定会用大量的钱来训练军队，而不是用来买这些古董。"还有的学生说："我一定会团结所有的中国人，一起来反抗这些敌人。"……对于这些不同的回答中，我们可以看到同一颗爱国心下不同的做法和价值取向，这就是孩子们的个性。这些都有赖于入情入境的引导。

五、质疑反思，拓展思维

教师要善于引导学生依据自己的"阅读期待"，强化"阅读反思"，在自我反思调控中不断修正自己认识上的偏颇、错误，进而对课文提出质疑和批判，深化文本的内涵。作者赋予作品的某些含义，读者往往会做出自己认为合理的取舍与添加。如学习《落花生》，有的学生提出：现在是市场经济，要善于展示自己，推销自己，像花生那样默默无闻，恐怕连份合适的工作都找不到。所以在当今社会里，苹果、石榴也值得我们学习。教师课堂生成的资源，让正反双方以此辩题展开论辩。通过讨论，学生达成共识：我们应该做既体面，又对人们有用的人。学生在个性化阅读中不断修正错的，接受对的，摈弃旧的，吸收新的，在吸取与扬弃中自觉变换思维模式，拓展思维空间，提高阅读质量和审美情趣。

六、放飞想象，张扬个性

教师应充分重视学生个性的存在与发展，创设一个主体化、多边化、生活化的自由空间，设计开放而富有弹性的问题情境，使学生拥有一个展现个性的宽松氛围，促进学生的个性化阅读。教学《卢沟桥的狮子》时，笔者设计了个性化的想象情境："卢沟桥共有 501 只狮子，作者只写了五种形态，想想还有哪些形态？"这个空白点，激活了学生的想象，他们从自我出发，多元感受，多元体验，创造出丰富多彩、极富个性的狮子形态。学习本课后，笔者又设计了个性化的实践活动：你能用自己最喜欢的方式表现你心中的狮子吗？可以画一画、写一写、捏一捏、拍一拍……下周举行一个形态各异的"狮子展览会"。这一开放性作业的设计，为学生放飞想象、自由创造提供了极为广阔的空间。学生在活动中动口、动脑、动手、动情，尽力张扬自己的个性，尽情发挥自己的才能，使个性化阅读充满智慧灵光而魅力四射。

"静坐山前，看云卷云舒"，这是何等自由的心境，又是何等醉人的享受。我们要努力为每一个孩子创设一种轻松、惬意的阅读状态，为他们的个性铺设一片绿地，让孩子自主地享受阅读，读出个性，读出情感，读出自己心灵深处的声音。就如手捧书卷，醉闻油墨芳香，就如鹰鸟引吭，唱出心中的歌！

（2009 年 9 月获成都市小语专委会第 15 次学术年会论文评比二等奖）

在语文教学中培养学生的情感

周庆秋

《语文课程标准》明确强调了小学语文情感教育的根本要求："小学语文教学应培育学生热爱祖国语言文字和中华优秀文化的思想感情，在语文学习过程中，培养爱国主义感情，社会主义道德品质，提高文化品位和审美情趣。"国际教育发展委员会在《学会生存》一书中指出："教育的一个特定的教育目的就是要培养学生情感方面的品质"。这种品质的培养和训练，对学生来说很重要。因为在未来的生存与发展中，他们需要以热情面对生活和事业，以真诚面对人与人的交往，以乐观面对困难和挫折。因此，加强情感教育不仅是现阶段学习的目标之一，更是适应未来生存与发展的需要。而小学语文是义务教育阶段的一门最重要的基础学科，将更多地承担着培养学生情感品质的任务。

一、找切入点，激活情感

小学语文教材生动形象，文情并茂，是对学生进行情感教育的好载体。但是教材的情感因素不一定都凸现在文字表面，而是隐藏在字里行间，甚至多种情感因素交织在一起。学生必须敲破语言的物质外壳，披情以入文，融情于其间，才能达到心领神会。这就需要教师根据文章内容，选择最佳的切入点，设法触及学生的情感领域，激活他们的情感体验。如一位老师在教学《圆明园的毁灭》一文时，一开始，便出示圆明园昔日优美风姿和今天残垣断壁、杂草丛生两幅呈鲜明对比的画面，使学生形象地感受到圆明园这一"万园之园"昔日的壮美，激起对古代中华民族伟大创造力和中华伟大文化的赞叹、热爱之情，为它的毁灭而深深惋叹，更激起他们进一步学习的欲望。然后，通过播放《烧毁圆明园》的电影片段，使学生直观感知八国联军的野蛮行径，让孩子们谈感受，便会有这样的表达："我痛恨英法联军！我觉得英法联军简直毫无人性！圆明园的毁灭是当时清政府的腐败无能！对于圆明园的毁灭我很难过，因为这是中国历史的耻辱！……"爱国主义情感得到升华。最后通过时代背景的介绍，使学生体会到作者寄于笔端的爱国情结和寄予他们的振兴中华的历史责任感和使命感。

二、营造氛围，体验情感

人的情感总是在一定的情景中产生的。营造生动、形象、适宜的情景氛围是对学生进行情感教育的重要手段，它能够有效地唤醒学生相应的情感记忆，有效地调动、活跃学生的情感体验。正如升国旗时，听到雄壮的国歌声就自然产生庄严肃穆之感；跑步时，听到运动员进行曲就有催人奋进之感。特别是小学生，更容易对形象、直观、新颖的事物感兴趣，所以教师要用诸如实物演示、图画展览、幻灯、多媒体等辅助教学手段，灵活多样的教学方法，营造情景氛围。学生可以用眼睛去欣赏，用耳朵去谛听，用手去触摸，用心去感受，他们在特定的情景氛围中，通过亲身体验受到情感教育。如《雅鲁藏布大峡谷》一课，在教学时，利用多媒体让学生欣赏雅鲁藏布大峡谷纯净的天空，飘逸的云彩，雄伟的雪峰，漂亮的大拐弯，丰富的宝库……让学生从直观形象的画面中去感受它的确是"世界上最美丽、最令人向往的地方"，让孩子们对大自然的鬼斧神工叫绝，再辅之有感情的朗读，学生对大自然的热爱之情，对祖国的热爱之情溢于言表。

三、采取措施，丰富情感

儿童有着极其丰富的情感，教学内容有着极大的魅力，教师激情有着巨大的感染力，这些因素都容易激活和唤起学生的情感，但是小学生的情感和成人相比，还不够稳定、丰富和深刻。为此，情感教育还不能仅仅停留在情感的产生等浅层次上，还应该在此基础上，有意识地引导学生把获得的感性认识提高到理性认识上去，以丰富和深化情感体验，以培养学生美好的心灵，高尚的情操，崇高的审美理想和完美的个性心理品质。

（一）引导在获得知识的同时，有意识地感受积极的情感体验

小学语文教材中语言优美，形象感人，意境深邃，无不体现出积极的情感因素，教师就要引导学生去感受，寻求与作者的心灵相通，借此培养学生的情感。如《瑞雪图》中写雪后的美丽景色，有这样一句话"嗬！好大的雪啊。"这句话不仅从整体上介绍雪景，更是作者看到万里江山变成了粉装玉砌的世界时的真情流露，表达作者由衷的喜爱与赞美之情。教师就可以指导学生去朗读，让他们体会作者的这种感情，还可以让学生看雪景图，想一想，说一说：假如你置身其间，当时什么感觉？会发出怎样的赞叹？会怎样尽情嬉戏？孩子们会有的说："我们和

伙伴们一起堆雪人、打雪仗尽情享受雪带给我们的快乐。"有的说："我一定要让父母带我到西岭雪山上滑真正的雪，让我的心和雪一起飞扬。"有的说："我会穿戴好衣帽就在雪里走，让飘飘扬扬的雪花落满身上，做个真正的雪人，太浪漫了……"由此唤起孩子们的亲身体验，感受小朋友的喜悦之情。然后引导学生带着快乐的感情读第五自然段，这样，老师讲述不多，学生已从反复朗读中体会出了文中的情感！通过这样积极的情感体验，一定会陶冶学生的性情。可以培养学生积极情感体验的类似文章还有很多，关键是教师是否去注意、去挖掘。

（二）以文中优秀人物为榜样，规范学生的思想，引导学生进行积极的情感体验

榜样的力量是无穷的，榜样运用得好，学生会纷纷去效仿，产生积极的效应。如《渴望读书的"大眼睛"》贫困地区的儿童在学习条件极度恶劣的情况下，仍然渴望读书、渴望求知的强烈愿望；《跳水》中船长在危急关头的镇定和果断；《一个苹果》中战士们在极端口渴的情况下的互相关心；《生死攸关的烛光》中母子三人在危险面前所表现出来的机智和勇气；《一夜的工作》中周总理劳苦简朴，这些优秀人物的光辉形象，感人事迹，是学生行为的向导，更是学生良好心理品质的一面镜子。

四、个性阅读，张扬情感

《新课标》指出："学习语文要注重感悟、积累和运用。"感悟是一种心理能力，是学生通过读书，凭借对语言及其语境的直感，获得某种印象或意义的能力。由于学生知识、经验背景的差异和语义的丰富性、隐喻性，使得每一位学生的感悟水平、感悟结果都不可能相同，常常是各有所悟而又难以言传。因而，感悟是学生的个体心理活动，所以也就必须让学生在自己读书的过程中去细心感受，倾心体悟，最终使自己的理解能力、运用能力及情感能力得到相应的提高。正如新课标所要求："要让学生充分地读，在读中整体感知，在读中培养语感，在读中受到情感的熏陶。"而我们高段语文，教学内容较重，很多时间为了赶教学进度，而忽略了学生的感受。曾在《小学语文教师》的卷首上看到过

这样的一则消息"一位老师上一节录像课，刚开始，这位执教的中年女老师还能神采飞扬、和蔼与耐心。然而，当她在自以为应该出彩的环节，却遇到了挑战——极尽启发诱导之能事，学生就是说不出她想要的'完美答案'。没想到的事情发生了：她首先大声向电教人员说：'别录了，别录了！'然后，几乎是声嘶力竭地向莫名其妙的孩子们大吼'你们怎么能这样来理解这句话！'"在这样的环境下，能不抹杀孩子们的童真吗？我们且不是说，这样的教学行为有背新课标的精神，为什么老是要给孩子所谓的标准答案？其实在我们的课堂上经常会出现这样的现象，当我们自以为自己所提出的问题是多么的简单，孩子们一定会很快按照我们的意愿回答出来，可当结果与我们的设想背道而驰的时候我们没有责难过孩子吗？要清楚地知道，孩子就是孩子，他们对文章理解是以自己的经验背景为基础的，作为老师不能把自己的解读想当然地等同于学生的解读。给孩子说话的机会，给孩子自由发表意见的机会，只要是和自己这堂课内容不相背离的应该说都行。不是说了吗？语文没有标准答案，只要言之成理即可。记得在教学《荷塘旧事》中理解"原来，小伙伴们在水中排成一队，手拉手铁链般将我拖到岸上"这句比喻句时，问：为什么要用"铁链"来形容，说明什么？孩子们有说：因为铁链给人的感觉很牢靠，说明伙伴们的友情值得信任；有说：用"铁链"说明伙伴们人较多，他们很团结都想救"我"；还有的说：伙伴们将手扣成"铁链"来救"我"，说明他们很聪明，不是很慌乱的一个一个去救伙伴让自己也很危险……所有的答案老师都给予充分的肯定。只有肯定孩子们的个人见解，才能实现个性阅读，张扬孩子们的个性。

五、参加实践，实现情感

参加实践活动是落实情感迁移的重要方法，学生的情感只有在活动中巩固，在活动中深化，变成学生的自觉意识，在遇到情况的时候外显出来才算真正达到目的。《语文新课程标准》强调在语文教学中，因地制宜、因时制宜地加强实践活动。那么教师就要在教学活动中加强实践活动，促进情感的迁移：如即兴发言，即兴作文，组织讨论，谈体会，谈感想等。也可以加强课后实践活动，促进情感的迁移：如写日记，及时记录心灵之声；与朋友谈心，发表自己的意见等。还可以参加有益的社会实践活动，促进情感的迁移：如帮助邻居做事，参加敬老爱老活动，参加公益劳动等。例如在学习了《枫叶如丹》这篇课文后，一学生在日记中练笔《秋风娃娃》："秋风娃娃可真够淘气的，它钻进树林里，跟那绿叶亲一亲嘴，那绿叶呀就变了，变成一枚枚金币，从树上纷纷落地。秋风娃娃又把他们抛起来，满天蝴蝶翩翩起舞，好似一场罕见的黄雪，从天而降。"这些实践活动都能促进学生情感的迁移，促进学生情感修养的提高，促进学生能力与素质的综合发展。

总之，真挚的情感是教师最珍贵的财富，它如蒙蒙细雨，滋润着孩子的心灵。苏霍姆林斯基说过："教育者同自己的教育对象的每一次接触都能激发他们心灵的热情。这件工作做得愈细致，愈有感情，从孩子心灵深处涌出的力量便愈大，他们便在愈大的范围内复现教师自身的形象。"教师的情感伴随有力的话语，犹如巨石，"一石能激千浪花"。而在语文教学中更应加强情感教育，将对学生健康心理品质和完美人格的形成产生积极的作用。实现"语文教学培养学生爱美的情趣，发展健康的个性，形成良好意志品质"的教学目的。

（2009 年 9 月获成都市小语专委会第 15 次学术年会论文评比二等奖）

情趣让小学语文课堂活色生香

毛琼英

《小学语文课程课标》指出"语文教育是审美的，诗意的，充满情趣的。"怎样才能让我们的语文课堂充满情趣，让语文课堂真正成为师生生命成长的幸福地呢？这成了我们开展《小学语文情趣课堂的研究》的初衷，也是我们孜孜以求的目标。通过理论学习和大胆实践，我们惊喜地发现创设富有情趣的语文课堂，能彰显语文魅力，能让师生在语文课堂学习过程中产生积极的情感体验，对语文充满关切和喜爱的情绪，生动活泼，积极主动地学习，在趣味中求知，在求知中得趣，得到教与学的和谐、情、趣、智与知的统一。通过对大量研究课例的总结和提炼，我们找到让小学语文课堂活色生香的有效教学策略——那就是采用多种方法，创设富有情趣的语文课堂。

一、创设情境，激发情趣

小学语文课堂教学中，创设情境，激发情趣是创建语文情趣课堂的首要条件。而情境是一堂语文课的"小天地"，它是教师用生动形象、亲切感人的语言，或描述意趣横生的同教学内容紧密相关的人物、事件与景物，或演示形象逼真的与教学内容有关的动作画面，并借助一定的媒介创造出来。教师在语文课堂教学中创设一定的情境，让学生兴趣盎然地进入教学情境中，就能唤起他们积极的情感体验，点燃他们思维的火花，让他们产生强烈的学习兴趣。例如在教学《我们知道》这首儿童诗时就采用了语言创境的方法引导学生联系生活实际创编诗歌，有效激发了学生的学习兴趣，使课堂充满了浓浓的语文味。在教学时教师引导学生结合生活中的感受理解诗歌内容，并采用边读边想象画面的方法多形式朗读，从而激发了学生探究风的欲望，使学生对大自然中的物候现象产生了深厚的兴趣。诗歌学完，孩子们兴趣浓厚，教师相机引导：叶圣陶爷爷在河面上，在枝头上找到了风，你们还在哪儿见到过风？能不能像文中这样说一说。一石激起千层浪。学生对风的强烈的探究欲望如火山喷发，势不可挡。每个孩子都尽情地将自己对风的独特体验描绘出来，于是整个课堂如一泓欢腾的清泉，潺潺流动的是风儿吟唱的动人诗篇。当孩子们争先恐后地描绘风儿走过的情境时，老师的心被一次次地感动着。再加上同学间的评议、补充，让我们看见了创新思维之光熠熠生辉，让我们体验到了学生身上不可低估的创造才能，也让我们享受到了语文课堂上的情趣。笔者强烈地感受到语文情趣课堂的独特魅力。

学生在诗中写到：

谁也没有看见过风，

不用说我和你了。

但是红旗飘动的时候，

我们知道风在那儿了。

谁也没有看见过风，

不用说我和你了。

但是江面上波涛翻滚的时候，

我们知道风在舞蹈了。

谁也没有看见过风，

不用说我和你了。

但是花儿微微点头的时候，

我们知道风来游戏了。

谁也没有看见过风，

不用说我和你了。

但是风筝在空中自由飞翔的时候，

我们知道风正走过了。

······

在创编诗歌这一环节的教学中，老师关注学生的情感体验，积极调动学生的创作激情，引导学生大胆想象，拓展学生思维的空间，鼓励学生勇于创新。学生在愉悦的学习氛围中联系生活实际，尽情倾诉自己的感受，创作出了许多优美的诗歌。最后，老师引导学生动手实践，给自己创编的诗歌配一幅画。这不仅激发了学生的创作热情，而且打通了学科间的界限，引导学生将优美的语言演变成形象的图画，达到诗中有画，画中有诗的美妙境界，让多彩的生活在学生的心中活起来。上完这堂课，我们不由感叹：只有从学生心里来的，才能打到学生心里去。儿童视野下的语文教学多么富有情趣啊!

二、以情唤情,情趣共生

古人云:感人心者,莫先乎情。清代学者袁枚也说:"文以情生,未有无情而有文者。"一篇篇优美的课文都是作者感情的产物。所以语文教学中,教师要想以情动人就要融情入文,投入积极的情感体验。只有自己真正走进文本,走进作者内心,才能在教学中以情唤情,激发学生丰富的情感。如孙祥辉老师在教学《迟到》一文时,将情趣教学点定位在人物情感上。为此,他设计了一条行课线索:①明白小英子犯了一个什么错误。②她是怎样改正错误的。③促使她改正错误的力量是什么。这是行课的一条明线索,其中暗含的情感线索是:小英子的从一想到上学就不舒服到开心地上学,父亲对小英子复杂的心情。这也是学生最难体会和感受的。毫无疑问,行课的重点落在对父亲和小英子情感世界的体验上。教学中,为了丰富学生的情感体验,得到以情动人、以情唤情的目的,孙老师在引导学生揣摩诵读文本的基础上,补充毕淑敏《孩子,我为什么打你》的经典句段。学生在诵读饱含深情的语言中受到了情感熏陶,在孙老师语重心长,情真意切的范读中不仅体会到了父亲对小英子的深情,还不由自主地联想到父母对自己的关爱和严格要求。此时此刻,他们懂了,懂得了父亲的爱对小英子的影响和作用之大,同时也懂得了父母对自己的爱是多么深厚,情是多么真切。这样丰富的情感体验胜过任何说教,会让学生终身难忘。正是有了这样丰富的情感体验,才会有学生充满激情的朗朗读书声,才会有溢满师生眼眶的泪滴和激荡于胸中的深情。这样的以情唤情,就让整个语文课堂浸润着浓浓的情感,飞扬着语文特有的情趣。

三、填补空白,丰富认识

我们知道课文作者的思想不仅可以通过字面来表示,也可以隐蔽于文字的"空白"处。把这些空白处,择要地让学生凭借语境展开想象,进行填补,既是对课文思想内容的丰富,又是对文本的发展和超越,充分激发了学生学习的主动性、积极性,有益于提高学生的阅读能力,优化语文的整体素质。在朱月执教《成吉思汗和鹰》一课时，为了提高语文课堂教学的实效性，培养学生学习语文的兴趣，获得人生的理趣，朱月老师在教学中遵循"在读薄与读厚间走一个来回"的教学理念，引导学生运用"联系上下文""把自己当作文中角色"的读书方法自主学习，完成课文留白的填写。学生在静静读书，静静思考，静静品味，静静写作中走进了成吉思汗和老鹰的内心世界，强烈感受到成吉思汗四次接水一次比一次生气，老鹰一次比一次着急的心情，自然走进文本与文本倾情对话。最后通过入情入境的朗读表达了自己的情感。在填补空白的学习中，学生既领会了文章内涵，内化了学习方法，又获得了"永远不要在发怒的时候处理任何事情"的人生体悟。真是一举多得。正因为有了学生潜心读书，静心思考的厚积，才会有对成吉思汗和老鹰内心世界的独特理解，也才会有发自心灵深处的呐喊："永远不要在发怒的时候处理任何事情"。你能说这样的语文课堂中缺少情趣吗？

四、巧妙质疑，启迪智慧

特级教师孙双金说："好的语文要能启迪学生的心智，点燃学生智慧的火把，让学生智慧的潜能被开发，幽闭的心智被开启，创造的天性被唤醒！惟有情和智和谐统一，语文课的工具性和人文性才能得到有效统一。"我们的语文情趣课堂追求的正是语文课的工具性和人文性的有效统一，让师生在语文课堂教学中享受学习的快乐，习养情趣。怎样才能启迪学生心智，点燃学生智慧呢？通过大量实践，我们发现巧妙质疑可以有效地激发学生探究的兴趣，让学生沉浸于文本中去思考去发现，去享受成功的快乐。因为"学起于思，思缘于疑"。在《成吉思汗和鹰》一课的教学中，朱月老师由名言引出文中成吉思汗得到的教训："永远不要在发怒的时候处理任何事情"。在学生自读、齐读这句话的基础上，老师巧妙引导：读了这句话，你产生了什么疑问？适时的疑问点燃了学生思维的火花。学生积极开动脑筋，大胆质疑。后来经过老师的梳理，提炼出了与课文相关的两个重点问题：什么事情让成吉思汗得到了教训？为什么不能在发怒的时候处理任何事情？有了问题的引领，学生探究欲望强烈，学习兴趣浓厚，自然产生了学习的动力。后来的汇报交流非常精彩。

五、对比教学，深化认识

有比较才有鉴别。在小学语文教学中，我们适时采用对比教学，既能激发学生的学习兴趣，又能在比较中深化学生认识，真可谓一举两得。在《迟到》一课的教学中，孙祥辉老师开课伊始，以"小英子犯了一个怎样的错误？她是怎样对待自己的错误的？"引导学生自读3~10自然段。学生在问题的引领下，抓住重点词句潜心读书。之后，老师引导学生理解重点词句，并进行朗读指导，让学生在品读中与文本倾情对话，进而了解小英子对待错误的方法是错误的，她是错误地对待错误。至此，学生对小英子犯下的错误有了全面的认识。这时，老师过渡谈话，出示文章最后一段，让学生在读中了解小英子后来发生的变化。这样一对比，本已平静的学生顿生疑窦：是什么力量让小英子从迟到变到早到？这样的对比教学多么巧妙啊！既激起了学生心中情感的涟漪，又充分激发了学生探究的兴趣。于是学生满怀好奇地自主阅读课文的11~18段，与文本对话，深刻揣摩文本内涵，体会人物的内心感受，尽力探究促使小英子发生转变的力量源泉，进而深化了学生对错误的认识。

通过研究，我们惊喜地看到：在小学语文情趣课堂中，学生似畅游知识之海的游鱼，在前进中发现新知，在探求中自我吸纳，在快乐中提升认识。他们会被语文情趣课堂的魅力深深吸引，会不由自主地走进充满童真、童韵、童趣的课堂，与书中人物同呼吸，共命运，会被故事中的人物感染，自然产生强烈的同情心和责任感。

综上所述，我们不难发现：通过有效的教学策略创设情趣课堂，教师和学生就会以自然人的身份平等、友好地相处，进行情感的交流，智慧的碰撞，心灵的契合。在整个学习过程中，教师和学生同样经历了求知、得趣，提升认识的过程。课堂上，教师用童心催生童心，用真情打动学生，用生动的情境感染学生，充分调动了学生的学习兴趣，让学生在自然、融洽的氛围中主动参与学习，成为学习的主人，尽情享受学习的快乐。所以说，采用多种方法激发学生学习情趣能充分彰显语文的魅力，能让语文课堂活色生香。

（2009 年 7 月获成都市基础教育课程改革优秀论文评比二等奖）

抓住文章的"眼目"，生成精彩的课堂

李秀华

古人写文章有"画龙点睛"之说，今人也有"一词灵动，文采飞扬"之语，可见许多作者在写文章时都会特意锤炼一些词句，这些关键性的词句堪称全文之"眼目"。写作时，巧设这样的"眼目"可明眸善睐，照亮全篇；阅读中，若能抓住这样的"眼目"，也一定能收事半功倍之效。在阅读教学中，笔者试着抓文章的"眼目"，来生成精彩的课堂教学。下面以《奇异的激光》为例来谈一谈。

一、抓文章的"眼目"，展开教学

抓住文章的"眼目"展开教学，让课堂开合有度、突破教学中重难点。

这篇课文的教学中如何做到开合有度、突破重难点呢？笔者想到了"球心教学法"，想到了必须抓住课文的核心（也就是文章的"眼目"），然后有放有收，从而达到开合有度。于是，在反复诵读课文后，笔者决定紧紧抓住"奇异"二字展开，也围绕这两个字收尾，从而达到开合有度，有的放矢、化繁为简。

教学过程中，笔者牢牢以"这真是一种奇异的光啊！"为中心点进行教学。在开课时，复习回顾上节课所学内容，说说激光为什么是一种

▲ 小学语文情趣课堂的研究 ▼

奇异的光。接着总结引出中心句"这真是一种奇异的光啊"。然后，在深入学习课文2~9自然段时，通过具体的词句，感受它是世界上最亮的光、最快的刀、最准的尺，与此同时，反复地、深入地感受它的奇异。每学完一个小标题内容，都回到中心句，对中心句进行朗读感悟！结尾时，又再次回归到中心句，回归到"奇异"二字，了解它为什么这么奇异，激发学生学科学、爱科学的情感。这样，教学中做到了有收有放，开合有度，简化教学程序，突破了教学的重难点！

二、抓文章的"眼目"，品味语言

抓住文章的"眼目"品味语言，领悟作者表达方法，扎实有效进行语言文字训练。

《语文课程标准》在第三学段目标中提出：在阅读中揣摩文章的表达顺序，体会作者的思想感情，领悟作者的表达方法。笔者认为：锤炼语言是语文教学的根，是语文教的灵魂。也应成为语文教学的旗帜、标尺、方向。一节语文课需要一个个词语、一句句话来支撑，要围绕这些重点词句，理解意思，体会感情，领悟表达方法，从而达到品味语言，玩味语言的境界。

在这一篇课文里，笔者抓住了课题和最后一句中的核心词的"奇异"，理解"奇异"，感受"奇异"、了解为什么"奇异"，学生的思维随着整节课的不断深入，经历了由表及里，由浅到深的这样一个过程，也将"奇异"二字深深地烙在了心里。

在教学"最亮的光"部分，抓住了第三自然段的第二、三句话。在教学"最亮时，它比太阳还要亮100亿倍呢！"这句话时，又紧扣"100亿倍"，从数据上去感受激光的亮度，并小结说明方法，介绍这样写的好处：具体的数字——"100亿倍"，准确、具体地写出了激光是世界上最亮的光，这样的说明方法叫列数字。在这一自然段第三句话的教学中，笔者抓住表示后果的三个词"刺眼"、"目眩"、"永久性地失明"，让学生联系生活进行感受，接着将三者进行比较，然后在反复的朗读中，强烈地感受到了激光的亮度真是无与伦比！学完这两句后，笔者又将这两句话放在一起，向学生介绍，前一句是概括地写，后一句话举例子进一步说明激光是世界上最亮的光。在教学"用激光给钻石打孔"这句话时，我紧扣"方便"二字，放手让学生读句子，感受激光给钻石打孔的"方便"。在教学"最准的尺"部分时，笔者抓住"38.4"这一数据，感知激光测量的精确。

总之，整节课，抓住核心词——"奇异"和中心句——"这真是一种奇异的光啊！"品词析句，揣摩文章的表达顺序，体会作者的思想感情，领悟作者的表达方法，对学生进行语言文字的训练，较好地体现了语文学科"工具性"这一特点。

三、抓文章的"眼目"，创设情景、激发兴趣

抓住文章的"眼目"创设情景，激发兴趣，让课堂波澜起伏。

一节课就要像一首歌一样，是有节奏的。一节课，又要像大海一样，波澜起伏，时而平缓，时而激烈高昂。这是一篇说明文，本来比较枯燥，加之这节课内容较饱满，如何让学生紧扣核心词的"奇异"理解激光是最准的尺，又如何让教学张弛有度，让课堂波澜起伏呢？笔者在第三部分"最准的尺"部分，改变了前面两部分找句子、抓词语，回报，交流的形式，变成了多媒体创设情景：配上美丽星空的画面和舒缓、优美的音乐，在画面和音乐声中，给学生描述故事，不仅让学生身临其境感知激光的奇异，还缓解了课堂节奏，在课堂的尾声中再次将学生学习兴趣调动起来。

总之，要让自己的课堂"挥洒自如、开合有度、化繁为简、波澜起伏、详略得当、快慢适度、典雅精致"就要多钻研教材，善于抓住全文之"眼目"来设计组织教学，才能使自己的课堂精彩纷呈。

（2009 年 7 月获成都市基础教育课程改革优秀论文评比三等奖）

创设情境，丰富情感体验

王宏军

《语文课程标准》要求教学过程中关注学生的情感体验，让学生走进文本感悟体会。教育心理学和情知教学理论也认为：在学生的学习活动中，情感是影响学习最重要的心理因素。作为一名小学语文教师，笔者认为运用现代教育技术手段创设阅读情趣，丰富学生的情感体验，让学生以丰富的情感参与学习活动，帮助儿童感知文本、走进文本，才是理想的课堂。这样既能达到教与学的和谐统一，又能让学生获得情感体验，丰富其情感世界。

一、创设情境氛围，激发情感

语文教材中有许多历史上的人或事，离学生现实生活的距离十分遥远，仅让学生通过语言文字难以有真切的感受，因此教师可以充分利用多媒体、课件，再现一些感人的故事，让学生有身临其境之感，油然而生出一种感慨、一种激动，或一份详尽的感知，由此获得情感体验。例如：教学北师大版《飞夺泸定桥》一文之前，老师认识到红军战争中的艰险故事、惊险场面离学生比较久远，他们没有一丝一毫关于战争艰苦岁月的生活体验，很难以饱满的情感状态参与学习活动，为了让学生与文本"零距离"，老师从电视剧《血战台儿庄》中剪辑一些战争惊险场面的典型情节，再加上教师声情并茂的讲述，制成课件。在课堂引入时使用，让感人的画面和富有激情的旁白激活学生的情感，许多孩子凝神观看之后，急不可待地想知道红军是怎样战胜敌人，夺下泸定桥的，这种情感使开展有效的学习活动成为可能。

二、再现真实的生活的情境，丰富情感

语文教材中的每篇课文几乎都是经典之作，这些经典之作很多都是生活的再创造，很多都有生活的影子。作为语文教师，如果能利用现代教育技术手段再现，不仅能激发未亲历孩子的情感，而且还能使亲历孩子的情感体验更加深刻。例如在教学北师大版《游子吟》这首诗时，老师想到现代的独生子女们虽生活在父母的千般爱抚、万种呵护之中，却少有体会，更少有感恩。为此老师拍下生活中母亲为孩子操劳的片段，如雨中送伞、床前喂药、半夜盖被……并配上那一首经典的《世上只有妈妈好》，制作成课件，课堂上，那真实的照片、熟悉的身影、真挚的语言、感人的曲子，深深打动了孩子们的心，一双双明亮的眼睛逐渐湿润，教室响起了轻轻的啜泣，带着这种真真切切的情感呼唤朗读诗歌，声声传母子情，带着这种真真切切情感呼唤体味文章，句句含感恩意。再如，教学北师大版四年级《孔子和学生》一文时，老师特意收集了许多关于孔子教育学生的点点滴滴，制成课件，让学生更深入了解我国古代这位万世先师的为人为师之事迹，从而有助于学生对课文的深入学习，同时，播放教师平常工作的场景，让学生更加全面了解教师，更懂尊师重教。

三、引导品味语言，陶冶情操

课文中包蕴的情感是以精练抒情的语言为载体表达出来的，这些抒情的语言往往能增强文章的感染力。教学中让学生反复咀嚼、品味，不仅能使学生有一定的语言积累，而且还能陶冶他们的性情，进一步丰富学生情感的内涵。教学北师大版三年级《小镇的早晨》一文时，老师利用多媒体向学生展示了江南水乡的小镇风情。静静的水面，淡淡的薄雾，袅袅的青烟……那如诗如画的情境，使孩子们的阅读发生了可喜的变化，那舒缓的、恬淡的、悠然的读书声至今让人回味无穷。

四、演绎文中的故事，升华情感

"注重学生的内心体验"，让学生带着情感进入学习活动又会获得新的情感体验。在教学中，笔者特别重视学生的内心体验，根据实际情

况运用现代教育技术手段演绎文中的故事，如教学北师大版第四册《一片树叶》之后，老师播放了自己制作的课件，让受损的小树时而遗憾伤感"我少了一片叶子，不够美了"，时而低声哭诉"我很疼，我很难过"，时而生气指责"喜欢我就不要损害我"，还让犯错的小动物在小树前真诚忏悔并展开营救小树的工作……这些生动的画面，让孩子在走进教材之后又跳出文本，情感体验再一次升华，之后，给小树浇水的孩子多了，攀折树枝、树叶的现象少了，"爱护树木"的牌子悄悄竖起来了……还记得教学北师大版《五彩池》一文后，笔者给孩子们播放时了自己游览时购买的光碟，《走进九寨黄龙》，那神奇的五彩池，那童话般的九寨沟，让孩子们看得如痴如醉，恍如进入梦境。

总之，如何恰当适时运用现代教育技术手段创设阅读情境，丰富学生情感体验，以儿童的眼光阅读文本，感悟文本，笔者在自己的语文教学中实践着、思考着、探索着，也将继续实践、继续思考、继续探索。理想课堂毕竟是理想。理想是一种追求，是一种目标，是一种方向。也许每个人，每个教师的对理想课堂的描绘和"影像"是不一致的，但为了孩子，我们共同努力的方向和积极寻求的愿景是相同的，让我们在共同追求理想课堂的旗帜下，一齐携手共勉，追求和实现这个美好的理想。

（2009 年 7 月此论文获成都市基础教育改革优秀论文评选三等奖）

低段儿童学古诗

刘宇

熟读唐诗三百首，不会做诗，也会吟。中国历经几千年岁月淘洗流传下来的经典诗文，不但是语言文字的典范和精华，而且更蕴蓄着中华民族的精神和品格，对生活在信息时代，生活在西方文化不断强力渗透的当代小学生来说，开展古典诗文教育，不但能提高孩子的语言表达能力和审美水平，而且更重要的是把传统文化的种子播撒到幼稚的心田，让孩子成长的根深深扎在民族文化的沃土里。但不同年龄阶段的小学生诵读什么诗文，怎么诵读才能更为有效地发挥诵读的作用，笔者在低段语文教学中指导学生诵读诗文，积累语言方面作了如下的尝试。

一、培养诵读的兴趣，感悟诗文的韵味

新课程标准中明确规定了各阶段学生必背古诗的篇目数。新教材选择了浅近晓畅的古诗词，短小清新的现代诗，都让孩子们琅琅上口，易读易记易背，很受孩子们的喜爱。如《咏鹅》，老师在教学时，先介绍作者：这首诗是唐代诗人骆宾王写的，他写这首诗的时候才7岁。再让学生借助拼音自由朗读课文，然后老师进一步介绍：短短十几个字，生动传神地刻画了儿童眼中的大白鹅形象。开头一连三个"鹅"，是在模仿鹅的欢叫，也表现了看见鹅后的惊喜。后面两句使用一连串颜色词：白、绿、红、清，构成了一幅色彩鲜明的图画。最后让学生再读，再品味。老师作好指导读的技巧，充分调动孩子们诵读课本诗文的热情，要求学生注意通过诗文的声调、节奏等体味作品的内容和情感，以利于积累、体验、培养语感。教师领读，学生跟读，是一种传统语文教学的常用方法，也是一条宝贵的经验。但由于领读方式单一，学生只用口耳，常常似小和尚念经有口无心。老师还运用多媒体的电化教学手段激发学生诵读的兴趣。如"放录音带，制作课件"等，使范读真正发挥"样板"作用。并及时推荐或让学生收集一些孩子们喜欢的诗文，读一读，背一背，渐渐培养孩子们诵读诗文的兴趣，并把诵读诗文作为孩子们兴趣培养的起点。

二、精心组织诵读活动，加深对诗文的体验

作为低学段的一名语文教师，笔者时常推荐一些儿歌和古诗给孩子们。当他们的积累达到一定量的时候，适时开展多种形式的"读儿歌，背古诗"的朝会课，以及"古诗对对碰"、"我与儿歌来跳舞"、"我来

"背一背"等活动，激发孩子们诵读的欲望。不给予他们展示的机会，也就激不起孩子们诵读的兴趣。只有在活动中让孩子们去自我评价，去感悟诗文的韵味，才能加深对诗文的体验。

三、指导探索诗文的规律，激发诵读的欲望

我国古代诗歌是很富于形象性和音乐性的，通过记诵这些诗词，孩子们可以受到多个层次的艺术感染和美的熏陶。诗中既展现了大自然的美，也展现了人类的心灵之美。许多诗词描写了祖国各地四季的优美风光，春天的美景尤其是诗人们喜爱的题材，《春晓》、《春日》、《咏柳》等都是描写春天的。此外，像《敕勒歌》里草原辽阔苍茫的景象，《咏鹅》里"曲项向天歌"的白鹅形象，《望庐山瀑布》里"飞流直下三千尺"的壮观景色等，也都使人油然而生对大自然的热爱。《游子吟》、《静夜思》等课中表现出来的深挚的友情、亲情、思乡之情，《草》中颂扬顽强生命力的"野火烧不尽，春风吹又生"，《悯农》中提醒爱惜劳动成果的"谁知盘中餐，粒粒皆辛苦"，《登鹳雀楼》中的"欲穷千里目，更上一层楼"等千古传诵的名句，则散发出哲理的光辉。从这些诗词中，孩子们可以受到思想、情操方面的启发和影响。通过学习、记诵这些诗词，孩子们还可以增加多方面的知识。首先是语言文字，尤其是古代语言文字方面的知识，了解中国诗歌的形式特点，感受其精练、富于形象性和音乐性的特色，在丰富词汇，提高鉴赏能力和写作技巧等方面起到良好的作用，并为以后接触更多的中国文化典籍打下基础。

四、学习创作诗文，品尝成功的喜悦

引导孩子漫步于经典诗歌的长廊，发现它的美，欣赏它的美，并走进仿写和创作诗歌的王国里，享受美感体验，纵情挥洒才思，对于丰厚孩子的人文素养，激发孩子的创造潜能，全面提高孩子的综合素质，无疑具有重要的意义。青岛嘉峪关学校的苏静老师在这方面作了大量的实践努力，由诵诗、背诗到作诗，苏静与她的学生都品尝到了成功的喜悦。注重对孩子们诵读诗文的培养，一定会为孩子的成长产生深远影响，构成他们个人生命中一道美丽的艺术长廊，永远给他们以教益、激励和艺术美感。

在低段儿童诗歌教学中，让诗文从孩子嘴里飞出，也不是一朝一夕之事，只有师生坚持不懈的共同努力，才能成功。低段孩子们，精力旺盛，求知欲强，记忆力正处在上升时期，适当地诵读一些优秀诗文，对智力发展是非常有益的。同时，也为孩子们提供了较为完美的语言的种子。

（2009 年 9 月获成都市小语专委会第 15 次学术年会论文评比三等奖）

把握双基和文本，让语文课堂实现生命的回归

彭艳艳

新一轮课程改革迈着坚定的步伐，在教师们的几多新鲜、几多迷惘中一路走来，我们的语文课堂也随之发生了很大的变化：由以前的"以教材为本"开始向"以学生为本、以读为本"转变，课堂更开放了，更活跃了。但在此过程中，也出现了一些问题：课堂上学生的活跃有泡沫的嫌疑，最突出的表现是双基被忽视了，学生在散乱的活跃中游离于文本之外。在经历一番热闹之后，这些问题都迫使我们冷静地思考：文本、双基在课改中应该扮演怎样的角色？

一、"双基"是否仍需扎实？

课改之初，我们难免出现过一些误解：认为在课堂上让学生自主了、探究了、合作了就是课改了（姑且不论这种自主、探究、合作是否真实），而扎实双基似乎就意味着满堂灌、机械训练等老旧的教学模式——扎实双基和课程改革似乎成了一对矛盾。

事实上，无论新、旧教学模式都要达成一定的教学目标，而语文知

识始终是语文课程与教学的一个核心问题。我们不可能离开知识凭空发展什么能力，发展什么价值观。要提高学生的语文素养主要的和实实在在的事情还是要抓好语文知识的教育，我们的每一堂语文课都应该让学生得到实实在在的听、说、读、写的训练。只是，我们要变革学生获取知识，发展能力的途径和方法，我们不能像以前一样，通过机械训练，将知识作为一种外在的预定的东西强加给学生，把学生当作"知识的容器"，"两脚的书橱"。而是要引领着学生在学习文本的过程中，采用多种方式，自主获取知识，发展能力。

因此，虽然新课标中双基目标不再是课程的唯一目标，但仍然是（也应该永远是）课程目标中的一个重要目标。因此，扎实双基和课程改革就绝不是一对矛盾——进行机械的训练并不是扎实双基的唯一途径；课程改革提倡的自主、合作、探究的学习方式是达成课程目标的众多学习方式中比较优化的几种方式，课改提倡这几种学习方式正是为了更好地达成课程目标（包括双基目标）。

举个例子：老师在教学《会摇尾巴的狼》时，初读课文之后有个学生提出个问题"老师，我想知道'花言巧语'的意思"。老师问他："课文说谁花言巧语？"他说是狼，老师又对他说："你找到狼说的话好好读读，猜猜'花言巧语'是什么意思？"他照老师说的去做了，还真理解了"花言巧语"的意思：狼想老山羊救它，就说了许多好听话，假话，这就是花言巧语。"花言巧语"的意思过去要理解，现在也要理解。不同的是过去是由老师用非常准确的语言直接告诉学生，现在更多的是由学生凭借文本，自己去读，去体会。过去如果老师没讲过，学生没背过，他可能就不会解答，或者自己可以解答，但却不敢相信自己可以解答。现在，哪怕老师没讲过，学生自己也敢想了，可以想了，能说个八九不离十了。即通过课改，学生不仅更好地理解了"花言巧语"的意思，还发展了自主理解其他词语的能力。

可见，课程改革并不排斥"双基"的扎实，而且课程改革的效果应该是让"双基"更扎实。否则，语文教学就会在一定程度上走进浮华、形式化的误区。

二、"文本"是否仍是语文教学之本?

语文的"人文性"和"工具性"决定了语文教学要以读为主。但课堂教学时空是有限的,我们不可能喧宾夺主地抛弃文本,去大量阅读文本以外的东西。尽管"教材只是例子",但教材是众多教育专家经过多年努力编写的,教材中的文章文质兼美,是我们母语的典范,是新课程理念的载体,是新课标要求的具体体现,是我们当前最重要的课程资源,在我们教学中有着不可替代的作用。因此,虽然现在的语文教学不再教"教材",但仍然要用"教材"教——立足文本。这主要表现为以下两个层面:

（一）教学活动的开展要紧扣文本

立足文本,就是指教师紧扣教材提供的文本,凭借一定的教学手段创设出可感可触之情境,让学生在读中感悟,习得知识,提高语文素养。比如:教学《揠苗助长》时,先让学生找出描写种田人着急的句子,然后指导学生有滋有味地读出他的心情。教学《美丽的小兴安岭》时,让学生找出自己觉得优美的句子,结合看图,展开想象,入情入境地朗读,感受小兴安岭的美丽。这种让学生在反复的朗读中细细"品味"文本,感受文本语言之美,在文本中受到文化熏陶的做法正是一种"立足文本"。

（二）对文本的超越要以文本为立足点

立足文本不是只要文本,不可超越。教材提供的文本是有限的,所以,我们需要超越文本。但在课堂教学中对文本的超越应该是在"立足文本"基础之上的超越。很大程度上立足文本和超越文本是互为依托的——在立足文本的基础上超越文本,通过超越文本加深对文本的理解。

还是举《会摇尾巴的狼》的例子,在狼和羊的第三次对话中,狼说要给羊舔毛,咬虱子时,让学生联系以前所学和自己的课外知识说说自己对狼的了解,在此过程中学生都说出了狼的凶恶、狡猾,狼要吃羊等,但也有个学生提出一个问题:"狼吃不吃大象呢?"学生马上开始七嘴八舌了，在这种情况下，如果任由学生说下去，势必会"离题万里"。老师及时地对学生的散乱的思维进行了梳理，说："这个问题提得很好，狼和象的关系我还真不清楚，下来，我们查查资料，但不管怎样，这课的主角——狼和羊在现实中的关系我们已经达成一致意见，狼是要吃羊的，但课文中狼是怎么说的呢?"引导学生再回头理解文本，经这样一引导，学生对狼的花言巧语有了更深刻的理解，也有效地防止了超越文本之后的散乱。

总之，"扎实双基"是语文教学永不动摇的基本目标;"立足文本"是我们扎实双基，培养语文能力的基石。我们只有把握好"双基"在新课标中的地位，立足文本，才能在真正意义上实现课改，让语文课堂实现生命的回归。

（2009 年 7 月获成都市基础教育课程改革优秀论文评选三等奖）

开动学生的言语动力学习语文
——以《桃花心木》的教学例谈

孙祥辉

苏轼有一句名诗叫做:"横看成岭侧成峰，远近高低各不同"，朴素的诗句却藏着极其深刻的辩证唯物主义哲理，但不管怎样看，看到的却是真实的庐山一面。把这一哲理放到我们的语文教学中去，便看到了语文教学的多样性，但不管怎样看，它应当是语文的教学，而不是别的教学。回顾《桃花心木》一课的教学过程，在"语文"和"语文教学"的范畴里来评析本课，去探寻说理课文的一些规律的语文教学方法，剔除一些遮蔽语文的现象，对于语文的教学是有重要意义的。著名学者潘新和先生在《语文：表现与存在》中创造性地提出并建构起"言语生命动力学"理论，他指出："言语动机，为言语行为提供能量，是言语教育本体论命题，也是言语主体论命题。"他认为："从关注言语现象转向关注言语教育的本体，再转向对言语主体的终极关怀，这将从根本上改变语文教育的方法和观念。"这堂课就是从言语生命动力学的视觉去进行教学实践和教学反思。

一、言语的唤醒和思考

在阅读教学中，由于学生的生活积累、知识储备、审美观念与文本的距离存在落差。唤醒学生潜在的言语意识和言语思考可以很好地消除和减损学生语言和文本语言之间的落差。可以这样说，阅读教学中这种落差的消除，就是学生语言、思考的发展。在《桃花心木》一课的教学中，在学生了解了"桃花心木是一种特别的树，树形优美，高大而笔直"后，笔者提出这样一个问题：什么样的树可以称为树形优美的树？笔者认为，这是一个极富个性和想象的言语问题，我们不妨分析一下：问题的包容度使学生具有很强的思考空间，能有效地唤醒学生潜在的、自己认为是树形优美的树的形象，同时努力用语言来描绘属于"树形优美"的树的样子。给学生建立起每个人的心中都有自己不同的"树形优美"的概念和形象。也许正是这样，学生才有这样的表现：

生1：婀娜多姿的树，树干很直。

生2：盆景一样的树，很漂亮的树。

生3：参天的古树。

……

看一个似乎不经意的问题，将"优美"的意义加以拓展，学生的言语意识和言语想象由此而得到了发展。

二、阅读的指向和激发

在阅读教学中，只有打开读者（学生）对文本的视野，才能很好地将读者（学生）推进文本之中。所以站在学生的角度去激发学生的阅读行为是最能推学生进入文本的。"你对种树人行为有没有疑问？有什么问题想问问他?"在学生了解了种树人的奇怪行为之后出现,将学生的阅读行为指向于问题的阅读期待中,激发在自己的问题中,恰如其分地为阅读构建了新的平台,狠狠地将学生往文本中推了一把。正是这样,学生才会"潜心会文本,入境始与亲",在阅读中享受解决问题的畅快。我们不妨细细品味学生阅读后的表现:

生:我提的问题是"种树人为什么不按一定规律浇水呢?"我在12自然段找到了答案。"他说:'我浇水只是模仿老天下雨,老天下雨是算不准的,它几天下一次? 上午或下午? 一次下多少? 如果无法在这种不确定中汲水生长,树苗自然就枯萎了。'"

师:这一句话告诉你什么?

生:它告诉我种树人在模仿老天下雨。

师追问:老天下雨有什么特点?

生:算不准的,不确定。

师:带着你的体会读读这句话。(生带着体会读)

师:这儿有一个什么标点符号?

生:问号,是一句反问句。

师:带着我们理解的再来读读这句话,注意反问的语气。(生读)

师:(指着另一个孩子说)你提的是什么问题呢?

生:我提的问题是"你这几天去干什么啦? 为什么桃花心木苗会枯萎呢?"我在13自然段找到了答案。(生读句子)"如果我每天都来浇水,每天定时浇一定的量,树苗就会养成依赖的心,根就会浮在地表上,无法深入地下,一旦我停止浇水,树苗会枯萎得更多。幸而存活的树苗,遇到狂风暴雨,也会一吹就倒。"

师:说说桃花心木苗怎么会枯萎呢?

生1:吸水不够多。

生2:依赖别人浇水。

师:所以种树人怎样做?

生:种树人让桃花心木苗自己寻找水源,使劲扎根生长。

师：这样树苗才不会枯萎。

师：枯萎的树苗是因为没有找到生长的水源，没有枯萎的桃花心木苗，又为什么能生长呢？

生：它的根伸入地下，找到水源。

师：带着你的理解来读读这句话。（生读）

师：听了同学们的讲解，老师知道了种树人是为了让树苗自己寻找水源生长。现在老师请位同学来做一做种树人，给我们讲讲种桃花心木的道理。（请一生读课文）……

这时我们看到的是学生自我的阅读过程，是符合阅读规律的阅读教学。

三、语言的理解和应用

在阅读中，如果说文本的语言为学生提供了阅读的先期视觉点，那么阅读教学则应将这种视觉的感觉转换成学生的语言表达和自我的应用。"如果我是一棵（……）桃花心木苗，我会想（……）"将先前学生的阅读内在成果用童话般的形式来召唤学生的语言表达，来呈现学生内在的结构认识，于灵动中，于趣味中完成了阅读的理解和语言的应用。因此才有了这样的教学情景：

生1：如果我是一棵弱小的桃花心木苗，我会想："谢谢您，种树人，谢谢您对我的关心，我会自己在土里找水源，自己扎根生长；谢谢您让我在自然界中学会生长。"

师：好一棵善解人意的桃花心木苗！

生2：如果我是一棵在地下已经找到水源的桃花心木，我会想："谢谢您，种树人，您不需要管我啦，我已经找到水源了，可以自己生活下去啦！"

师：如果你是一棵即将枯萎了的桃花心木苗，你会想……

生3：如果我是一颗即将枯萎了的桃花心木苗，我会想："我原来还在怨您，老是不给我浇水，我现在终于明白了您的良苦用心！"

师：那你应该怎么做？

生：我应该使尽全身力量到地底下去找到水源！

师：你一定不会枯萎的！

师：如果你是已经枯萎了的桃花心木，你会怎么想呢？

生4："种树人，您原来是为了让我们自己生存，不让我们有一颗依赖的心啊！如果可以再来一次，我一定重新生长起来，在地下自己找水源的。"

师：已经枯萎了就不能再活了，不过，我们一定会吸取你的教训！

生5："种树人，我还是要谢谢您！您表面上好像对我不好，但实际上您是为了不让我养成依赖性，您都是为我好啊！像我这样有依赖性树苗在自然界里是永远长不大的！"……

我们看到了学生的认识在语言中得到了建构。

四、阅读的减压和尊重

"不只是树，人也是一样，在不确定中生活，能比较经得起生活的考验，会锻炼出一颗独立自主的心。在不确定中，深化了对环境的感受与情感的感知，就能学会把很少的养分转化为巨大的能量，努力生长。"这是一段耐人寻味的语言，对现在"温室中成长"的小学生来说理解和表达都有一定的难度。提出这样一个问题，从心理上消解了学生的畏难，为学生阅读减了压，更重要的是它能激发学生的选择和比较，去思考和阅读，去联系上下文。哪个词语尊重了学生的喜好，使他们强烈地感受到自己的生活经验、阅读积淀、认知能力、审美品位与文本之间的矛盾、落差和距离，从而激起试图从自己的"前结构"中突破重围的意愿和动力。而这，正是言语生命的动力所在。例如"独立自主"——如果一个人小的时候遇到不认识的字就去问家长，那么他就会养成一颗依赖的心，到长大后也不懂得去查字典，也就是说他不会独立自主了。"独立自主"——在《夏令营的较量》一课中，日本的孩子都是自己做事，为的就是要生存，他们能独立自主。 "生活的考验"——在非常困难的时候要经得起考验！"巨大的能量"——日本家长给他的孙子几句鼓励的话，他的孙子虽然生病了但都仍然坚持，他的孙子把鼓励的话在他的心中转化为坚强的毅力。

总之，融入学生"自我言语动力"的语文学习，才能真正促进言语生命的个性化成长。学生的那个"自我动力"如果被冻僵了，被尘封了，被遮蔽了，被湮没了，这时，需要教师的适时适度的充满智慧的唤醒和启迪，无疑能极大地为学生提供条件和力量。这样的语文教学才是充满言语意识的教学。期望本课教学能带给大家思考。

（2007 年 9 月获四川省第 8 届教师优秀论文评选一等奖）

在阅读教学中紧抓三个"关键词"
——积累·感悟·想象

廖文霞

《语文课程标准》指出："阅读是收集处理信息、认识世界、发展思维、获得审美体验的重要途径。"由此可知，阅读作为一种复杂的语言实践活动、心智活动和情感活动有机结合渐次推进的思想过程，它不仅是为了获取信息，更是一种学习互动，一种情感交流，一种审美需要。阅读活动是读者和作者的理智转换和情感交流活动，是吸收和表达相统一的过程。因此，笔者认为，阅读教学必须抓住三个"关键词"，即重视学生语言积累，强化品读感悟，激发联想想象。

一、阅读积累

培养阅读能力，需要学生大量品读作品，这是阅读教学迈向成功的第一步。阅读教学一定要重视引导学生多读、熟读、背诵优秀篇章，增加认识、思想、语言、文化、情感、生活的积累，以达到集腋成裘、厚积薄发的境界。刘勰曾指出："操千曲而后晓声，观千剑而后识器。"

汉代杨雄说过："能读千赋，则能为之。"唐代杜甫也赋诗曰"读书破万卷，下笔如有神"，郭沫若先生也认为一个人只有"胸藏万卷凭吞吐"，才能达到"笔有千钧任歙张"的境界。这些都告诉我们阅读积累的重要，如何引导阅读，笔者想有三：

（一）指导学生诵读我国古代经典诗文

华夏民族五千年文明史中，文化典籍浩如烟海，要根据学生的年龄特点和认知水平，有意识地扩大学生的阅读范围，除了现有语文教材上的经典名篇外，还应要求学生尽可能多地诵读不同历史时期突出文学样式中的名篇。让学生从"诸子百家"中吸取精华与养料，从二十四史中探寻华夏兴衰，从唐诗宋词中品赏诗兴豪情……这样既能让学生得到优秀传统文化的熏陶，又能让学生具备一定的文化素养。

（二）指导学生阅读中外文学作品

古今中外文学名著，无论长篇、中篇、短篇，都是学生阅读的对象。学生对语言的感受力，对问题的分析、判断，对生活中复杂现象的理解，对微妙情感的体味，都只能从阅读作品开始。让学生通过不断地读，从安徒生、格林兄弟开始，从杨红缨开始，从《一千零一夜》《鲁滨孙漂流记》开始，从《水浒》《三国》《西游记》开始，一直读下去，最终，他们就能读出鲁迅作品的深邃思想，读出钱钟书作品的机智与幽默，读出巴尔扎克作品的恢弘大气，读出托尔斯泰作品的人文探寻，读出契诃夫、欧·亨利等人作品的讽刺与嘲笑……

（三）指导学生加强对生活的观察和积累

引导学生从自身入手，关注社会和人生，在实践中亲身体验和感受周围世界的各种人事，做好观察和生活日记，增加积淀。学生有了丰富的生活积累，阅读时的感知就会敏锐起来，感受的程度也就更深，进而感知社会的进步与曲折，感悟人生的多彩与丰富，感受历史的积淀与厚重……

二、品读感悟

感悟，包括"感"与"悟"两个层面的意思。感，是感性体验，觅得真趣，是一个人吸纳外部相似信息的过程；悟，是理性思考，练就主见，是面对问题，激活、选择、提取已有的相似的知识单元与之匹配，从而形成信息重组的过程。可见，感悟并非仅仅限于一般意义上的理解分析，还包括对语言内涵的体味和对语言形式的深层理解。这体现了人类认识事物由感性认识提高到理性思考的过程。"恍然大悟"、"涵咏品味，妙由心悟"这就是对感悟的形象描述。因此，理想的阅读教学要强调学生对文章充分地读，要求读出意、读出神、读出情，"读中感悟"，从而形成对文章的理解。那么，在阅读教学中如何引导学生去品读感悟呢，笔者认为关键在于依据文本特点，有的放矢，紧紧抓住几个要点：

（一）悟"遣词造句"之妙

字、词、句是构成语言，表情达意的基本材料，遣词造句是构成语言能力的基础和前提，是生成和发展语言的"活力细胞"。因此，在教学中，教师就应引导学生在读中比较、揣摩、玩味那些有点睛意义的字词，感悟作者遣词造句的高超技能。这样，才能内化为自己的语文素养，真正达到读有所悟，读有所得。如《穷人》一课中写渔夫的话"我们总能熬过去的"，一个"熬"字就让我们感受到渔夫善良的品质、顽强的性格和对妻子的理解支持。

（二）悟"布局谋篇"之美

每一篇文章的结构是千姿百态的，它的对称美、递进美、并列美等等，不一而足。从经验上讲，人们读了一篇文章，有人问你怎么样，往往是整体感觉，这自然少不了文章的结构问题。可见，结构之于文章，是何等重要。那么，如何让学生感悟并掌握文章结构之美呢？直接告诉学生，未尝不可，但若想让学生真正地"悟其神，感其形"，最好让他们扩大阅读，在读中悟，在读中比较，这应该不失为一种"验方"。如学了《桂林山水》一课，我们可以问学生，你还知道哪些文章和这篇文章具有相同的结构形式？你觉得这种结构形式好在哪里？通过类似的比较，学生就很容易悟出文章谋篇布局之妙。

（三）悟"情理意味"之味

课文的情理意味是一种深刻的内涵美。打动人心，让人久久不能忘怀的恐怕永远都是这种内涵美，它是文章生命力所在。读书只要让学生与文本共呼吸，共体验，共感动，以一颗完整的心灵去感悟、去体验、去升华，方能达到一种境界。引导学生在读中渐入佳境，内化语言，感悟生命中的情理。教师可通过"导悟"，或点拨，或调侃，或质疑，或总结，将文本情境，文本经历巧妙嫁接到学生身上，使学生身同感受，让感悟伴随课文走进孩子的心灵。如教学《卖火柴的小女孩》一文，老师打破通常的教学模式，从问题的设计入手，设计了这样几个环节：小女孩最需要什么——小女孩能做些什么——小女孩做了什么——小女孩得到了什么——"我"得到了什么。学生围绕这几个主要问题，通过自己的阅读很快就进入了文本，进入了小女孩的心灵，效果非常好。

当然，感悟不仅要从文本阅读中来，还要从生活实践中来，从人生体悟中来，人生体验是阅读中激发情感，产生共鸣的重要条件，所以在培养学生文本阅读的认同感、亲切感之时，还要培养学生关注社会生活，关心人类命运的意识。引导学生在阅读中体悟李绅"谁知盘中餐，粒粒皆辛苦"的忧民情怀，王维"独在异乡为异客，每逢佳节倍思亲"的思乡情怀，王昌龄"一片冰心在玉壶"的细腻情感……

三、激发想象

爱因斯坦说："想象力比知识更重要，因为知识是有限的，而想象力则概括着世界的一切，推动着世界的进步，并且是知识进化的源泉。"《张志公语文教育论集》中提到："文学，无论创作或观赏，主要诉之于形象思维。需要联想力和想象力，需要一种源于生活实际而又超脱于生活现实的创造性的思维能力。"因此，现代阅读教学要求教师充分利用教材，指导学生进行联想想象思维的训练。让学生依赖一定的文化知识、科学知识、社会知识、生活阅历，在品味语言，感悟体验的基础上进入联想想象的空间。如何培养联想和想象能力呢？途径有四：

（一）读中想象

在当今以读为本的语文教学中，读书的形式多种多样。学生在读中借助必要的想象，有助于深刻地理解课文。因为有了想象力才能在脑海中再现各种事物形象，才能在记忆表层的基础上创造种种新形象，才能提高阅读能力。比如在《卖火柴的小女孩》一课描写的幻境教学中，引导学生边读边想象画面来体会小女孩的感受；在教学《第一场雪》时，老师问学生"纷纷扬扬的大雪，会把大地妆扮成怎样的世界呢？"引导学生边读边想象雪后粉妆玉砌的世界；在教学《草原》时，老师问学生"为什么用一条彩虹比喻来欢迎远客的蒙族男女老少？"，引导学生去想象蒙古人民绚丽的民族服饰和火一样的满腔热情……

（二）观中想象

为了给学生提供一个生动逼真的教学环境，使学生多种感官同时接受刺激，激发想象，更深入地体会文章的思想内容。教学中各种直观手段的运用，也非常重要。在教学《五彩池》一课时，我先运用了直观、生动形象的多媒体计算机软件，播放五彩池的精彩影像片段来引入文章的教学，先让学生对五彩池有个初步的印象。教学过程中，学生由于有了这个"观"的基础，所以想象非常丰富。在教学第二段关于五彩池的具体形状时，老师问学生"句末有个省略号，说明什么呀？"学生回答："说明五彩池的形状很多，说都说不完。"然后老师又问"到底有些什么样的形状呢？"话音刚落，孩子们就争着说开了，一下子说了不下二十种。这样的教学，更能引起学生的情绪反应，从"以境生情"进入"以情生情"，自觉不自觉地将自己置身于课文的情境中去展开合理的想象。

（三）思中想象

在《卖火柴的小女孩》一课中，有些句段有着丰富的内涵，引导学生抓重点词进行扩展性想象，就能使学生更深刻地理解课文内容，以此激活学生的想象能力。

如：课文中描写小女孩五次擦燃火柴，前四次，特别是第一次和第五次相比有很大不同。第一次的描写是："她敢从成把的火柴里抽出一根，在墙上擦燃了，来暖和暖和自己的小手吗？她终于抽出了一根。"第五次擦火柴的描写是："她赶紧擦着了一大把火柴，要把奶奶留住。"

教学时，老师让学生练习读，边读边思考，应该抓住哪些词语来理解句子的含义。在汇报时，学生感触很深，有一个学生说："我觉得'终于'一词说明了小女孩当时作出了很大的勇气才抽出了一根火柴点燃了。因为她的火柴是卖的，卖不到钱，爸爸会打她，如果把火柴燃掉了，爸爸更会打她。但是她现在快冻死了，所以她抽出了一根。课文用'终于'写出了她的害怕、紧张的心情。"他刚说完，另一个学生马上站起来补充说："我觉得读'敢——吗'时语气要轻些，这样也可以反映出小女孩当时犹豫、害怕的心情。"这时又一个学生站起来说："第一次由于害怕，所以她只敢抽出一根，而最后一次，她觉得反正都快死了，豁出去了，所以她抽出了一大把火柴。"在其他同学的补充下，大家还抓住了"赶紧"这个词，理解到了小女孩由开始的犹豫到最后的不顾一切、孤注一掷。当火柴灭后，小女孩面对剩下的火柴梗、面对又厚又冷的墙、面对天上的星星心里会想些什么、说些什么呢？这些环节的设计，使学生由抓重点词进行扩展性想象，加深理解了小女孩生活的悲惨、命运的不幸，达到了激发学生展开想象的目的。

在阅读教学中，着力培养学生的创造想象能力，引导学生展开恰当的想象活动，扩展思路，养成想象的习惯，以初步培养他们的创新意识和创新能力，才能使学生深刻地领会课文的思想感情，学会用丰富的语言，写出内容具体感人的文章。

教学有法，教无定法。在语文教学中，只要抓住"积累、感悟、想象"三个关键词，就抓住了语文教学的根本。经过多读积累、品读感悟、联想想象等一系列思维训练，学生就能将知识内化成自己的能力，阅读教学也就能收到较好的效果。

（2007年9月获四川省第8届教师优秀论文评选一等奖）

让语文课堂情趣盎然

曹学琴

语文，因它的文字鲜活而美，因它的生活化而美，因它的创造性而美……正如薛有庆在《新课程呼唤美的语文》一文中所说："语文是美神维纳斯断臂的浮想联翩……"多么精练美妙的概括，这注定语文是一门充满美的、充满情趣的学科。《课标》中指出："语文教育是审美的，诗意的，充满情趣的。""语文课程应重视提高学生的品德修养和审美情趣。"因此，语文教师应当使语文学习的主阵地——语文课堂情趣盎然。这就要求教师要披文入情，将文本中生动美好的形象，以炽热的情感，用晓畅的语言，把作者寄寓在文中的思想情感淋漓尽致地传送到学生的心田之中，使其和作者产生共鸣，达到教师、作者、学生三方的情感和谐统一，这就是语文课堂的最高境界。

一个语文教师，怎样使自己的课堂真正做到情趣盎然呢？

一、深钻教材、把握情趣

刘勰在《文心雕龙》中曾经说过："夫缀文者情动而辞发，观文者披文以入情。"语文教材是情感传播的载体，是人类情感的结晶：《囚歌》中那坚贞不屈爱国激情；《七子之歌》中那渴望回归、思乡思亲之情；《钓鱼的规则》中那发人深思、让人羡慕的父子亲情；《渴望读书的"大眼睛"》中那渴望读书、渴望求知的大眼睛……这些都需要教师自己真正走进课文的情感世界，真正达到情蓄于胸而自发的那种自然程度，在这样的基础上引导学生体会、领悟、反思，课堂上才能撞击出学生心灵的火花，激发出学生思想感情的共鸣。这样，学生的心灵必将随之震动，情感必将随之勃发。

二、创设情境、激发情趣

如何打开学生情感的窗户，激起学生思想的浪花，拨动学生心中的情弦，精心创设情境是很重要的一环。在学习林清玄的《和时间赛跑》开课伊始，老师告诉学生林清玄的散文是一杯甘美的山泉，必须慢慢地，细细地用心去品味，其中的甘美才会由心而生，回味无穷。于是，老师让学生自己用心品读第 1 自然段，再让学生把品味到的忧伤用朗读表现出来，在学生个别读的基础上，老师又让学生带着自己的感受去读，用心灵去感受作者的悲伤和哀痛。寥寥数语，如投石击水，学生体会到作者爱外祖母的真，思外祖母的深，从情感上一下子牵住了学生，从而激起他们感悟课文的兴趣。

三、品读语言、体验情趣

（一）深情朗读，激发情

语文教学离不开阅读，而朗读是最基本的阅读方式。实践证明，教师生动富有感情的朗读可以从听觉上感染学生的思想情感。学生听中悟情，听中入情，听中动情，听中生情，达到水乳交融，和谐共振的效果。当捧着《三月桃花水》一课，老师以充满激情的语言导入新课，接着以富有深情的朗读，通过语音将教材的信息输入到学生大脑，使学生脑海中出现春天生机勃勃、繁花似锦的景象，以扩展学生关于春景原有图式的信息量，从而引起对教材的极大兴趣，进入一种审美境界。学生也不禁情动于衷，跃跃欲试，兴奋不已。此时，春天那美丽的画面的已深深铭刻在学生的心中，作者、教师、学生三者的感情完全产生了共鸣，获得了潜移默化的艺术效果。

（二）字斟句酌，品味情

如果将一篇精美的文章比作一棵枝繁叶茂的大树，那么，文中丰富多彩的词语就好比生机勃勃的叶子，琳琅满目的句子好比千姿百态的树枝。"叶、枝"与"干"血脉相连。而好文章又总是有感而发，因情生文，作者的思想感情如血脉一般贯穿文章始终，正如大树的"干"一样。教师教学时要认真理解词语和句子所浸润的作者的思想感情。比如"被禁锢了一冬的大江奔腾着，汹涌着，以它不可抗拒的力量推开尖冰，呼叫着，撞击着。（《春朝》）"让人理解什么叫做激动人心、叹为观止，体会到激荡的生命和磅礴的力量，感受到伟大、雄浑、激昂、磅礴的气势。"……每天在学校的操场上一圈又一圈地跑着，跑得累倒在地上，扑在草坪上痛哭。（《和时间赛跑》）。"一个"又"字，本来是很普通的副词，在这里却有了深厚的感情，表现出"我"对外祖母的深深思念。教学时指导学生对重点字句进行精心品味，既加深了学生对文章内容的理解，又使学生受到思想上的启迪，从而深刻理解作者的写作情感，达到学生情、作者情、教师情的和谐统一。

（三）含情诵文，放飞情

在学生字斟句酌，品味文章感情的基础上，要引导学生充分地读，不拘形式地读，在读中融真情，在品读中悟人生。在教学《和时间赛跑》一课中，老师引导学生一层一层地体会爸爸的话，感受时间会带走"昨天、童年、青春和生命"，感受时间的一去不复返，时间的可贵、时间的无情……，又让学生一次一次地把体会到的"送进去"，反复品读"所有时间里的事物，都永远不会回来……"。随着低沉舒缓的音乐，学生读着读着，有的眼圈红了，有的在不住揉眼睛。他们感受到了时间的一去不复返，也可能会想到自己蹒跚学步的憨态，想到在幼儿园时的嬉戏，再也回不去了，带着这样的体验，学生含情诵读课文，深深地打动了学生的心。老师，学生都受到了感染，受到陶冶，这不就是生命的运动吗？这不就是语文人文性的体现吗？因此，唯有含情诵读才能放飞情感，抒发情怀，达到身心的愉悦，生与生，生与师，生与作者才会产生情感共振，学生才会在共振中迸发情感，悟出人生的道理。

四、质疑讨论、再生情趣

质疑解疑是学生的一种学习能力，在教学过程中，让学生质疑问难不容忽视。爱因斯坦曾经说过，提出一个问题往往比解决一个问题更重要。质疑的过程是积极思维的过程，是提出问题，发现问题的过程。质疑可使学生改变学习中的被动地位，使他们变得积极主动，激起探求新知的欲望，迸发出创造的思维火花，能以较高的效率全面发展学生的学习能力，培养学生的情趣。

在学习《谁的眼睛最好》这课时，有很多学生提出共同的疑问："在这么多动物中，谁的眼睛最好呢？"老师并没有把答案直接告诉大家，而是让同学们先静下心来想，然后分小组讨论交流，最后全班交流。此时，课堂变得热闹了，有的同学说雄鹰的眼睛犀利，视野开阔，视力敏锐；有的同学说值夜班的猫头鹰有一双极好的夜视眼；还有的说空中飞的小昆虫视野需要特别宽阔……大家各抒己见，回答都很有道理、很富趣味。老师相机告诉大家每种动物的眼睛对于它本身就是最好的，都能很好的适应生存。孩子们听了，又积极地投入到查找其他动物眼睛特点的活动中。他们通过质疑讨论，产生了智慧的火花和愉悦的情感，再生了探究的欲望。

五、欣赏媒体、渲染情趣

当今社会，科技飞速发展，电脑多媒体等现代教学媒体，已成为提高语文教学质量的有力工具。在教学中，笔者深深体会到多媒体走进语文课堂，犹如教海中引进了一溪活水，学生学得主动、快乐，教师教起来得心应手。多媒体使语文课堂焕发出无限生机。如老师在学习了《小母鸡种稻子》一课后，让学生进行分角色朗读，再次体会不同动物的语言和内心世界，然后布置小组合作表演课本剧。巡视中，笔者发现有些小组分配好角色后，就在座位上半开玩笑说，念完就完，并没有注意动物的表情、动作和心里感受。这样没有思维的交锋和碰撞的交流，怎能有效？笔者忙及时进行引导，播放《小母鸡种稻子》的课件，引导学生观看、体会、模仿动物们在不同时间的不同表现和心理活动，又教会学生说串词，然后进行表演。这一下，孩子们进入了角色，在座位边、讲台上、走道上栩栩如生地表演起来，还进行了不少创新呢！你看那小鸭子一摇一摆的姿态惹得大家哈哈大笑，还有小猪看着白米饭那馋样，把大家口水都引出来了……通过这样的观看、体会、交流、合作、表演，渲染情趣，孩子们更真切地体会到劳动的辛苦、劳动的快乐，从而激发起学生热爱劳动，热爱劳动人民，珍惜粮食的感情。这样的教学，对启迪学生的思维，丰富学生的情感，培养学生的创新能力，有事半功倍的效果。

总之，在语文教学中，如果能根据具体内容，切实做到在创设情境中，激发情感；在朗读中体验情感，放飞情感；在质疑讨论中，再生情感；在欣赏媒体中，渲染情趣，让作者、教师、学生三者的感情共鸣，那么提高学生的语文素养，提高学生的品德修养和审美情趣，就不会是"纸上谈兵"了。我们的语文课堂将更为生动活泼，多姿多彩，情趣盎然。

（2007 年 9 月获四川省第 8 届教师优秀论文评选二等奖）

品读让课堂充满情趣
——有感于孙祥辉执教的《迟到》

宋学波

著名特级教师于永正倡导语文教学要"五重"——重情趣，重感悟，重积累，重迁移，重习惯。其中，他将"重情趣，重感悟"放在了前两位。由此可见，情趣、感悟对于语文课堂的重要性。而孩子的感悟又来源于对文本的品读。对我们来说，教孩子品读一些语言优美的文章或者大师们的经典名篇，就如同让孩子与大师们面对面的交谈，让他们得到真正的启示和质朴的震撼，使他们能够在生命的短暂与存在的永恒之间铸造自我的情感和内心世界，关注真正的价值和拥有真实的生活。在孙祥辉老师执教的北师大教材五年级上册《迟到》中，孙老师充分展现了品读的魅力，使整个语文课堂充满了趣味，充满了感情，孩子也对学习语文感到了愉快和欢乐，还了语文课堂的一片生机。

一、激发兴趣，自主品读，设身处地地读出作者情感

新课程理念倡导自主、合作、探究的学习方式。"自主品读"就是让学生以主人的姿态，通过各种合作在读中品悟，在读中感知，把书面的知识转化为自身语文素质的积累。

在上课前孙老师首先设计了一段精巧的导入语："孩子们，你们知道什么叫"错误"吗？你们犯过错误吗？我们每个人都会犯错，所有的伟人、作家也都可能犯错。我国著名作家林海音小时候就犯了一个错误，这到底是什么错误呢？请大家仔细阅读课文看谁最先找到答案？"这番简短的对话一下就激发了孩子们学习的热情，唤起了孩子们强烈的阅读兴趣。孩子们马上埋着头迫不及待地读了起来。

当孩子读完后，各小组进行汇报交流。

孙老师问：小音子赖在床上不起来，妈妈进来时、爸爸进来时，小音子会用什么语气说？

学生七嘴八舌地说：应该用哀求的语气、硬着头皮说……

孙老师不住地表扬孩子，并让他们把这个感情读进句子里，反复品读，体会小音子当时的任性和矛盾的心情。

师：爸爸生气说"起！"，一个字该怎么读？

生：将"起"延长读，并且读得重一些，不仅能表现出父亲"怒不可遏"的意思，还能表现出父亲那种不能违抗，没有商量余地的意思。

……

《新课标》指出：小学生阅读教学要重视朗读，要让学生充分地读，在读中整体感知，在读中有所领悟，在读中受到情感的熏陶。孙老师让学生抓住小音子说话的语气词句进行反复品读，并通过一句句发自肺腑的赏识、激励和指导，使学生课堂的表现更自信，并不断地追求成功，学得更主动。从而领会小音子那明知故犯，却又底气不足的矛盾心情，体会父亲那怒不可遏，"恨铁不成钢"的愤怒心情。

二、抓住重点词句品读，感悟人物的情感

孩子对文本内容的理解和对语言文字表达的理解，都是通过读来完成的。在教学过程中，孩子对文本中的重点词、句进行反复的品读揣摩就能感悟人物情感，从而体会作者遣词造句的精妙。

孙老师在讲解小音子挨打的时候，他让学生找出"父亲怎样打?"的词语和句子："爸气急了……我挨打了"、"从床头打到床尾"、"红肿，发着热"。老师让孩子反复品读，并标出表示打的动作、声音的词语："拖起来"、"抄起"、"倒转来拿"、"一抡"、"咻咻"。孩子们通过对关键词句的品读，有的孩子还站起来示范表演，大家不仅明白了词语的意思，还明白了父亲打得是非常地用力，非常地厉害，非常地狠。

三、联系上下文对比品读，在读中感知形象，体会人物的情感

特级教师孙双金老师曾说："情感是教学艺术的核心，情感是教学艺术的生命。教师走进课堂的首要任务就是调动学生的情感去体会文本中的情感。"

当讲到父亲给小音子送来"夹袄和铜板"的时候，孙老师立刻又问："爸爸狠狠地打了我，为什么还要给我送东西? 课文中是这样写的，谁来读一读?"

学生读完后，交流：下过雨，怕我冻着，没吃早饭，怕我饿着，所以父亲给我送夹袄和铜板……

老师又问："把小音子挨打前后上学的表现的句子对比读一读，你有什么体会?"

学生顿时沸腾起来："爱得深，才会恨之切，爱的真，才会狠下心，下得去手啊!……"

感人心者，莫夫于情，学生通过对比品读，孩子读懂了、理解了父亲这份厚重的爱，也明白了小音子从迟到到早到，甚至来不及吃饭也要赶到学校的变化。

四、在想象中品读，走进人物的情感和思想世界

情趣的语文课堂，应该重视为孩子创设"想象"的平台，通过品味揣摩语言，引领学生走进人物的情感和思想世界，只要学生进入角色，就能把自己内心的体验真实地反映出来，从而唤醒孩子表达的欲望。

当课文讲到父亲狠狠地打了音子，又急匆匆地赶到学校给孩子送铜板和夹袄，却一句话都没有说的时候，孙老师连忙问："父亲送来铜板和夹袄干什么？他真的一句话都不想说吗？"此时老师让孩子们联系上下文进行想象品读，对父亲的"欲言又止"进行深入地挖掘。

经过深入地探究，孩子们七嘴八舌地议论开了："不是的，父亲有很多话要说，他想让音子原谅他不得已打了她。父亲想告诉音子他还是很爱她的……"这是孩子们发自内心地表达自己从文本中获取的而又高于文本的收获。孩子们独特而新颖的发言，说明他们已经明白了小音子父亲的爱是一种浓浓的爱，无言的爱，严厉的爱。

品读让学生把文本中无声的文字变成了有声的语言，把文字中静止的感情变成了跳动的情感；品读让学生既明白了作者想说什么，又接受了课文内容情感地熏陶；品读让课堂充满了童真、童趣、童韵；品读让我们学会了在趣味中求知，在求知中习养情趣。当你置身于语文教学的情趣课堂，那一刻你就会明白，品读不仅仅是品读，它以自身特殊的魅力影响着一切！

（2008 年 7 月此论文获大邑县教学成果评选二等奖）

第四篇

➡ "小学语文情趣课堂" 课例

《桃花心木》

孙祥辉

【课文】

乡下老家屋旁。有一块非常大的空地，租给人家种桃花心木的树苗。

桃花心木是一种特别的树，树形优美，高大而笔直，从前老家林场种了许多，已长成几丈高的一片树林。所以当我看到桃花心木仅及膝盖的树苗，有点难以相信自己的眼睛。

种桃花心木苗的是一个个子很高的人，他弯腰种树的时候，感觉就像插秧一样。

树苗种下以后，他常来浇水，奇怪的是，他来得并没有规律，有时隔三天，有时隔五天，有时十几天才来一次；浇水的量也不一定，有时浇得多，有时浇得少。

我住在乡下时，天天都会在桃花心木苗旁的小路上散步，种树苗的人偶尔会来家里喝茶。他有时早上来，有时下午来，时间也不一定。

我越来越奇怪。

更奇怪的是，桃花心木苗有时莫名其妙地枯萎了。所以，他来的时候总会带几株树苗来补种。

我起先以为他太懒，有时隔那么久才给树浇水。

但是，懒人怎么知道有几棵树会枯萎呢？

后来我以为他太忙，才会做什么事都不按规律。但是，忙人怎么可能做事那么从从容容？

我忍不住问他，到底应该什么时间来？多久浇一次水？桃花心木为什么无缘无故会枯萎？如果你每天来浇水，桃花心木苗该不会枯萎吧？

种树的人笑了，他说："种树不是种菜或种稻子，种树是百年的基业，不像青菜几个星期就可以收成。所以，树木自己要学会在土里找水源。我浇水只是模仿老天下雨，老天下雨是算不准的，它几天下一次？上午或下午？一次下多少？如果无法在这种不确定中汲水生长，树苗自然就枯萎了。但是，在不确定中找到水源、拼命扎根，长成百年的大树就不成问题了。"

种树人语重心长地说："如果我每天都来浇水，每天定时浇一定的量，树苗就会养成依赖的心，根就会浮在地表上，无法深入地下，一旦我停止浇水，树苗会枯萎得更多。幸而存活的树苗，遇到狂风暴雨，也会一吹就倒。"

他的一番话，使我非常感动。不只是树，人也是一样，在不确定中生活，能比较经得起生活的考验，会锻炼出一颗独立自主的心。在不确定中，就能学会把很少的养分转化为巨大的能量，努力生长。

现在，窗前的桃花心木苗已经长得与屋顶一般高，是那么优雅自在，显示出勃勃生机。

种树人不再来了，桃花心木也不会枯萎了。

一、课前思考

《桃花心木》一文"从种树到育人"，以事喻理，说明在艰苦中经受生活的考验，克服依赖性，对人成长的重要意义。反映出这样一个过程：种树→育人。在此基础上笔者以为在育人中更应该深入一层到"成人"，即"在人的成长过程中，单靠外界的培育是不够的，必须有自我成长的本事。"

"不确定"应当成为教学的主线。明白"不确定"对"桃花心木"成长的作用，明确"不确定"对于人成长的重要性，发掘"不确定"的含义，便可以助推学生在语言学习中建构自己对成长的认识，乃至对生活、生命的认识。

（一）教材"情趣点"的确立

教材"情趣点"的确立是由文本语言的特点来确立的。也就是说，我们选择文本的什么语言来提升学生的言语素养，决定了我们处理文本语言的教学手段。从这个思路出发，《桃花心木》一课的"情趣点"当是叙述种树人的奇怪行为的语言、解释奇怪行为的语言和作者从中受到感受的语句。这三点，在逻辑关系依次递进。确立了这样的"点位"，便是处理的思路和手段。这种思路和手段是借助这样语言训练学生的语言，形成学生的言语素养。

（二）教材情趣点的处理思路

基于上述的认识，种树人的"奇怪行为的语言"的特点在于引发疑问，平实中隐藏质疑。所以让学生在自我语言的接触中，感受语言，在感受中引发自己的疑问，采用这样的方式处理这样的语言，不仅可以还学生的阅读时间，还可培养学生的质疑能力。种树人"解释奇怪行为的语言"是知识的阐释，道理的说明，是口语化的一种表达。所以运用"角色体验"的方式体验它的语言是最好的方式。然而这种方式只能感受文本语言的特点，应当还要寻找语言的训练方式，提升学生的语言表达。所以借助文本的内容，巧设训练成为了处理这样语言的方式。同时再辅以情景的朗读训练，这样对学生的言语培养就比较立体了。要让学生在作者感受的语言上建立自己的感受语言，所以借用作者的语言训练学生的语言表达是处理这的基本思路，而方式是建立一个有包容度、指向性和带点趣味性的问题。

（三）预期目标

1. 在自我阅读中了解"种树人的奇怪行为"，认识"不一定"，形成"不确定"的认识。在这个过程中培养学生的质疑言语能力。

2. 能用有感情朗读方式呈现自我对文本的阅读体悟，达到情意融合的程度。在这个过程中培养学生的朗读和表达言语能力。

3. 体会种树人的用心，在理解"人生的不确定中"建构自我的成长观。在这个过程中培养学生的言语思辨能力。

（四）预设过程

本课教学采用长课时教学大概需要65分钟左右，采用分课时教学需要2课时。行课基础：解决字词障碍，初步感知课文、了解课文内容。

课前：背诵有关植树名言或育人名言：十年树木，百年树人。十年之计，莫如树木，终身之计，莫如树人……

师生谈话：关于种植的问题。

师：你种过树吗？你知道桃花心木是一种怎样的树？（学生交流，教师相机补充。）

二、课堂实录

（一）了解"桃花心木"，在语言中建构起"树形优美"的概念

师：今天，我们一起来学习林清玄写的一篇关于种树的文章《桃花心木》。

师：你了解桃花心木吗？

生：我知道桃花心木高15尺，叶像翅膀形。

生：我知道桃花心木是长叶乔木，花白色。

师：同学们讲了桃花心木的一些外形特征，那你知道桃花心木为什么叫"桃花心木"吗？（学生沉默）那老师告诉你们吧，因为它的树心像桃花的颜色，所以称为桃花心木。它还是一个国家的国树呢。

生：我知道桃花心木是多米尼加共和国的国树。

师：是的，我们一起来看看书上是怎样描写桃花心木的？

生：桃花心木是树形优美的树。

师：什么样的树称为树形优美的树？

生1：婀娜多姿的树，树干很直。

生2：盆景一样的树，很漂亮的树。

生3：参天的古树。

师：我们每个人心中都有一种树形优美的树。像桃花心木这样名贵的树是怎样培育出来的？

评析：语言的情趣在哪儿？在自我对语言多种感悟和多元理解中。唤醒学生的言语感悟和言语理解，是激发学生学习语言的有效策略。从简单的"树形优美"一词入手，将言语学习的情趣还原给学生，还原给儿童，实现了言语的诱发意义，也使言语的学习和滋长染上了趣味和情味的色彩。所以有了学生心中的独自的树形优美的意义和样子。

（二）品味"种树人"的行为，认识"不确定"的育苗方法

师：在读课文之前，老师建议这样读书。（板书读书小建议：1. 以角色身份读课文。2. 关注一些词、句。）

师：请同学们认真读读课文3—10自然段，看看种树人是怎样培育桃花心木苗的？勾画出一些语句来，体会体会。（学生自读，勾画。）

师：你知道种树人是怎样培育桃花心木苗的？

生1：我找的是第4自然段和第6自然段。

师：读一读。

生：读"树苗种下以后，他常来浇水，奇怪的是，他来的并没有规律，有时隔三天，有时隔五天，有时十几天才来一次；浇水的量也不一定，有时浇得多，有时浇得少……"这是讲种树人怎样给树浇水的。

生2：我勾的是第7自然段。"他有时早上来，有时下午来……"这是说种树人不定时来管理管理桃花心木。

师：老师把这几句话打在了大屏幕上，我们一起读一读。（生齐读）

师：读了以后，你有什么感受？

生1：我觉得种树人浇水时间不固定，有时早上来，有时下午来……

师："不一定"也可以说"不确定"。（板书"不确定"）

师：还有什么感受呢？

生2：我觉得种树人是不是太忙了。

生3：我感到奇怪，种树人是不是太忙了，我自己浇花时每天按时浇。

师：联系自己，对照种树人行为，读出你奇怪的感觉。（此过程引导学生读出自己的感觉，读出种树人的不确定行为）

师：你对种树人行为有没有疑问？有什么问题想问问他？

生1：他为什么不定时来浇水？

师：记住你提的问题。

生2：他是不是去干其他的事了，让桃花心木苗枯萎呢？

师：也就是问"桃花心木苗为什么会枯萎呢？"也请记住你提的问题。

生3：他为什么不按一定规律浇水呢？

评析：言语学习的情趣在哪儿？在自我发问和自我寻找中。让学生在亲密的语言文字接触中，产生言语的思辨和言语的冲动，是言语学习的既定行为。这种行为的情趣动力就是学生的对语言的情感和兴味。用简洁的方式引领学生接触文字，接触语言，产生情趣动力，产生情感和兴味，学生学习语言的质效自然就高。因而学生对言语的发问自然就注入了情感的元素。

（三）品读"种树人的话语"，理解"不确定"中的"确定"

师：这些疑问可在课文12—13自然段中去找一找，想一想哪些语句能帮助你解决心中的疑问？默默地读一读，静静地想一想。（生默读，思考后交流）

师：你刚才提的是什么问题？找到答案了吗？

生：我提的问题是"种树人为什么不按一定规律浇水呢？"我在12自然段找到了答案。"他说：'我浇水只是模仿老天下雨，老天下雨是算不准的，它几天下一次？上午或下午？一次下多少？如果无法在这种不确定中汲水生长，树苗自然就枯萎了。'"

师：这一句话告诉你什么？

生：他告诉我他在模仿老天下雨。

师：（追问）老天下雨有什么特点？

生：算不准的，不确定。

师：带着你的体会读读这句话。（生带着体会读）

师：这儿有一个什么标点符号？

生：问号，是一句反问句。

师：带着我们的理解再来读读这句话，注意反问的语气。（生读）

师：（指着另一个孩子）你提的是什么问题呢？

生：我提的问题是"你这几天去干什么啦？为什么桃花心木苗会枯萎呢？"我在 13 自然段找到了答案。（生读句子）"如果我每天都来浇水，每天定时浇一定的量，树苗就会养成依赖的心，根就会浮在地表上，无法深入地下，一旦我停止浇水，树苗会枯萎得更多。幸而存活的树苗，遇到狂风暴雨，也会一吹就倒。"

师：说说桃花心木苗怎么会枯萎呢？

生 1：吸水不够多。

生 2：依赖别人浇水。

师：所以种树人怎样做？

生：种树人让桃花心木苗自己寻找水源，使劲扎根生长。

师：这样树苗才不会枯萎。

师：枯萎的树苗是因为没有找到生长的水源，没有枯萎的桃花心木苗，又为什么能生长呢？

生：它的根伸入地下，找到水源。

师：带着你的理解来读读这句话。（生读）

师：听了同学们的讲解，老师知道了种树人是为了让树苗自己寻找水源生长。现在老师请位同学来做一做种树人，给我们讲讲种桃花心木的道理。（请一生读课文）

师：种树人笑了，你知道这笑里包含着怎样的意思吗？联系上下文说一说。

生：他的笑代表他对植物的了解。他知道如果每天去浇水，桃花心木就会依赖它浇的水，如果他一旦停止浇水，植物就会枯萎！

师：说得好！他知道自己怎样去种植桃花心木，对自己怎样去种植桃花心木是很自信、很了解的！你还知道这笑里包含着怎样的意思？

生：种树人觉得作者问得问题好！

师：哦，作者是不知道种树人为什么要这样做！还有谁知道这笑里包含着怎样的意思？

生：种树人有点得意的笑！

师：是啊！他是对作者不知道自己为什么要这样种桃花心木而发出的一种很善意的笑，包容的笑。现在我再请位同学来讲讲种树人种树的道理。

师：（引读）种树人笑了，他说：（生接读"种树不是种菜或种稻子，种树是百年的基业，不像青菜几个星期就可以收成。所以，树木自己要学会在土里找水源。我浇水只是模仿老天下雨，老天下雨是算不准的，它几天下一次？上午或下午？一次下多少？如果无法在这种不确定中汲水生长，树苗自然就枯萎了。但是，在不确定中找到水源、拼命扎根，长成百年的大树就不成问题了。"）

师：种树人对自己的种树是很自信，很得意的，再读。（生再读）

师：种树人语重心长地说，你知道"语重心长"的意思吗？

生：言辞诚恳，情意深长。

师：这是字典里的解释，课文里也就是说种树人说话是怎么样？

生：很诚恳而且很有情意！

师：谁来诚恳地给我们说说。

生：（读句子）"如果我每天都来浇水，每天定时浇一定的量，树苗就会养成依赖的心，根就会浮在地表上，无法深入地下，一旦我停止浇水，树苗会枯萎得更多。幸而存活的树苗，遇到狂风暴雨，也会一吹就倒。"

师：是啊！种树人为了给桃花心木营造一个自然的生长环境，让它适应自然并能和自然和谐相处，他模仿老天浇水、管理它，让桃花心木在不确定中学会了自己生长！（师板书：树——在不确定中学会自己生长）说者无心，听者有意，他的这番话被桃花心木苗听到了，它们也

想对种树人说句。请你以"如果我是一棵（　　）桃花心木苗，我会想（　　）"的句式说说。（大屏幕打出句式）

生1：如果我是一棵弱小的桃花心木苗，我会想："谢谢您，种树人，谢谢您对我的关心，我会自己在土里找水源，自己扎根生长。谢谢您让我在自然界中学会生长。"

师：好一棵善解人意的桃花心木苗！

生2：如果我是一棵在地下已经找到水源的桃花心木，我会想："谢谢您，种树人，您不需要管我啦，我已经找到水源了，可以自己生活下去啦！"

师：如果你是一棵即将枯萎了的桃花心木苗，你会想……

生3：如果我是一颗即将枯萎了的桃花心木苗，我会想："我原来还在怨您，老是不给我浇水，我现在终于明白了您的良苦用心！"

师：那你应该怎么做？

生：我应该使尽全身力量到地底下去找到水源！

师：你一定不会枯萎的！

师：如果你是已经枯萎了的桃花心木，你会怎么想呢？

生4："种树人，您原来是为了让我们自己生存，不让我们有一颗依赖的心啊！如果可以再来一次，我一定重新生长起来，在地下自己找水源的。"

师：已经枯萎了就不能再活了，不过，我们一定会吸取你的教训！

生5："种树人，我还是要谢谢您！您表面上好像对我不好，但实际上您是为了不让我养成依赖性，您都是为我好啊！像我这样有依赖性树苗在自然界里是永远长不大的！"

师：所以啊，我们最终还是要学会自己生长才不至于枯萎！种树人一番话不仅让桃花心木苗受感动，也让作者感动不已！让我们一起来读读他的这番富有哲理而充满激情的感动语言！

评析：语言素养的有效提升靠什么？主要靠富有情趣的言语实践。因为富有情趣的语文学习活动，更能激发活动者的参与，更能让活动者处于亢奋之中。这种亢奋的精神状态，是有效，甚至高效和深效的保障。在"角色体验"中，在"情景诵读"中，在"句式练习"中，学生的言语实践既简单又富有情趣，是紧紧围绕语言的活动，这是语文学习的本职，也是学习语文的方法。语文教师要做好这种本职，抓住这种方法，这样语文才不会偏离，语文学习才有语文的意义。

（四）品悟林清玄的"育人语"，认识人成长中的"不确定"

生：（齐读）"不只是树，人也是一样，在不确定中生活，能比较经得起生活的考验，会锻炼出一颗独立自主的心。在不确定中，深化了对环境的感受与情感的感知，就能学会把很少的养分转化为巨大的能量，努力生长。"

师：这是一段充满激情而富含哲理的语言，让我们再来读读。（生再读）

师：下面请同学们再默默地读，静静地想，这段话中哪些词语能引起你的思考，引发你的想象？可以圈出这个词语，在旁边写一写，建议大家可以结合你课前读过的文章《夏令营中的较量》谈谈你的理解，也可以联系你身边的人和事来发表你的见解。

生自学后交流：

师：哪个词语能引起你的思考，引发了你的想象？

生1："独立自主"——如果一个人小的时候遇到不认识的字就去问家长，那么他就会养成一颗依赖的心，到长大后也不懂得去查字典，也就是说他不会独立自主了。

师：带着你的理解读一读这个句子。注意强调出你关注的词语——独立自主。（生读）

生2："独立自主"——在《夏令营的较量》一课中，日本的孩子都是自己要做一些事，为的就是要生存，他们能独立自主。

师：补充得好！一起读读这个句子。（全班齐读）

师：面对不确定的生活，我们应该怎么做？用书上的句子说说。

生：有一颗独立自主的心，不能依靠别人。

师：对，要有一颗独立自主的心！

师：你还想说说哪个词？

生3："生活的考验"

师：这是个短语！在什么样的生活中要经得起考验？

生：在非常困难的时候要经得起考验！

师：不仅是在非常困难的生活中我们要经得起考验，还要在什么时候也要经得起考验？

生：在十分艰苦的时候。

师：带着你的理解读读这个句子。

生：（读）"不只是树，人也是一样，在不确定中生活，能比较经得起生活的考验，会锻炼出一颗独立自主的心。"

师：把你们的"考验"读出来。（全班齐读）

师：是啊，在不确定中，要经得起生活的考验，要锻炼出一颗独立自主的心。你还想说说哪个词？

生4："锻炼"——这个词和"考验"这个词差不多，就是告诉我们学了什么要结合生活实际来做。

师：就是自己要磨炼自己。你还想说说哪个词？

生5："巨大的能量"——日本家长给他的孙子几句鼓励的话，他的孙子虽然生病了但都仍然坚持，他的孙子把鼓励的话在他的心中转化为坚强的毅力。

师："巨大的能量"在这儿指你说的"坚强的毅力"。带着你的感受再读读这个句子。

生读："在不确定中，深化了对环境的感受与情感的感知，就能学会把很少的养分转化为巨大的能量，努力生长。"

师：是啊，树在不确定中学会自己生长，人也要在不确定中学会自主成长（师板书：人——在不确定中学会自主成长）这时候，你对自己的成长有何认识？请你用一句简洁话表达你对成长的认识。（板书：成长）

生1：小时候数学作业做不出，爸爸告诉我思考的方法，让我自己做，我当时觉得爸爸对我一点都不好，慢慢长大了，现在，我懂得怎么去思考，怎么去做了！如果当初爸爸直接跟我说的话，那我现在肯定一道题都不会做了。

师：你爸爸的教育方法和种树人种桃花心木的方法是一样的，下面的同学请你用最简洁的一句话说说你的认识！

生2：我们在成长中遇到困难时，不应该有一颗依赖的心！

生3：我认为成长就是在困难中独立自主！

生4：不经历风雨，哪能见彩虹！我们一定会健康成长的！

……

师：可能我们心中对成长有很多认识，我们今天只能说到这儿。最后，祝愿孩子们也能在你的成长中找到自己成长的水源！

谢谢！下课。

评析： 语言的思辨在哪儿？在词语和意义的句子中。但这种思辨不是学生的自带，也不是语言的自带。要靠富有情趣的言语问题来带动学生的思辨。"哪个词语能引起你的思考，引发了你的想象？"这个问题看似一般，实在与众不同。既有主观的指向，也有客观的限制。既富有挑战，又能言说。如果换成"你从中感受到什么？"它的包容度和情趣性都会大大减弱。这样的减弱对学习的效率是致命的。语文教学，让问题镀上情趣的色彩，不是追求问题的花样，而是问题的引发味道。只要有了这种引发味道，学生的兴趣自然引动，语文学习就情趣盎然了。

三、板书

桃花心木

树——在不确定中学会自己生长

人——在不确定中学会自主成长

成长

《成吉思汗和鹰》

朱月

【课文】

成吉思汗是中国历史上一位著名的君王和勇士。

传说，有一次成吉思汗骑马去森林里狩猎，很多朋友陪伴着他，仆人带着猎狗跟在后面。

森林里回荡着猎手的呼喊声和欢呼声，他们希望满载而归。

成吉思汗的手腕上站着他最喜爱的鹰，那鹰是被训练出来打猎的，只要主人一声令下，它就飞向天空，环顾四周，寻找猎物。如果他碰到一只鹿或一只兔子，就会像箭一样冲下来。

成吉思汗和猎手们骑着马在林子里转了整整一上午，但他们没有打到原来想象的那么多猎物。

中午的时候，他们走散了。估计其他人都按原路走了，成吉思汗选择了一条近路，在两山之间的峡谷穿行。哪知宠鹰已不在他的手腕上，它在前面飞行，它认得回家的路。

当时天气很热，成吉思汗感到口渴得厉害，他多希望能找到一汪清澈的泉水解解渴，可是炎热的天气把所有的山间小溪烤干了。

他终于看到有水从岩石边滴下，上面应该有一个泉眼。在潮湿的季节里，这里总有一条急流倾斜而下，可现在只是一滴一滴往下滴水。

他高兴极了，从猎袋里拿出一只小银杯，去接那慢慢滴下的水。他花了很长时间才接满了一杯水。他把杯子送到嘴边，准备一饮而尽。突然"嗖"的一声，他的杯子被打掉了，水全洒在地上。

成吉思汗抬头一看，原来是他那只宠爱的鹰干的。

这只鹰一直在他的上空盘旋。

成吉思汗捡起杯子，又去接那水滴。这次他没有等多长时间，只接了半杯，就把杯子送到嘴边。这只鹰有俯冲下来，把他手中的杯子撞掉了。

这次他有点生气了，他又接了一次，那只鹰第三次撞翻了杯子。成吉思汗可是真的生气了。

"你怎么敢这样？"他大声嚷道，"看我不抓到你，拧断你的脖子！"

他又接了一杯水，"喂，我说老鹰啊，这可是最后一次了。"

他还没说完，鹰就飞扑下来，扑掉了他手里的杯子。成吉思汗气急败坏，他摘下弯弓，仰天向老鹰摄去。只见老鹰在空中一抖，惨叫一声落了下来，血流满地，死在主人脚下。

"这就是你的下场。"成吉思汗说。

当他寻找杯子时，发现杯子掉到两块岩石当中，够不着了。"无论如何，我要喝点泉水。"他自言自语地说。

说完，他开始沿陡峭的石壁爬上去，寻找水源。他爬得很费劲，爬得越高，口渴得就越厉害。

他终于爬到了岩石顶，那里确实有一池水，可是有一个什么东西躺在池子里，几乎占满了整个池子。原来是一条粗大的剧毒死蛇。

成吉思汗愣住了。他忘记了口渴，回头呆呆地看着躺在岩石下的那只可怜的死去的鹰。

"那鹰救了我的命！"他大声喊道，"可我是怎么回报它的呢？我把它杀了呀！"他懊恼不已，沿着石壁爬下来，小心翼翼地拾起死鹰，放进自己的猎袋。他自言自语地说："今天我得到了一个沉痛的教训：永远不要在发怒的时候处理任何事情。"

一、课前思考

《成吉思汗和鹰》是北师大版第九册《面对错误》单元中的一篇主体课文。故事情节突出，内容浅显易懂，语言平实简明。对五年级的学生来说，了解课文的难度很小，如果仅仅把教学目标定位在让学生明白"永远不要在发怒的时候处理任何事情"的道理以及懂得面对错误的正确态度显然是不够的。

笔者我的思维穿越直白凝练的文字停落在纸背：一定要挖掘文本，创造性地使用教材，让学生在文本中走个来回，才不枉费了文本资源。一方面，要能够站在文本之上，对文本进行俯视，总揽全局，关注整体，读出文本主要意思和表达的主要内容，将文本读"薄"；另一方面，要能深入文字，读出文本之外的东西，读出作者未及之意、未写之言，读出文本中未言之境，读出文章中角色的未明之情，将文本读"厚"。在经历语言文字的"薄"与"厚"中，活跃文本，活跃言语，活跃思维，活跃情感。其中，读"薄"置于读"厚"之前，暗合由整体到部分的阅读程序。

读"厚"是本次教学的重头戏，学生获益的多少全在于此。当然，不可能面面俱到，只能选"点"落实，以点带面。教材的情趣点在哪儿呢？

故事的高潮在成吉思汗口渴难耐之时，好不容易找到一滴一滴的泉水，他连续接了四次水，都被他所宠爱的鹰打掉了。他越来越生气，在气急败坏之下射杀了鹰。此处扣人心弦，文本留白多，想象空间大，正适宜作拓展阅读，可作为最重要的情趣点，运用角色体验的处理方式引领学生深入情景，深入人物内心。

为了此情趣点的处理到位，还需在"成吉思汗接到水时的高兴"这一点上着力。此部分的处理既可以为如何读"厚"文字作一个示范导向，又可以为下文成吉思汗被鹰打翻水杯极度恼怒埋下情绪伏笔。因此，此处应作为第二个情趣点。

另外，文章末尾成吉思汗得知事情真相时懊悔不已说的话可作为统领全篇教学的一个缘起和核心落点，虽费时不多但却是关键之笔，可作为第三个情趣点，运用质疑问难的处理方式开启教学，推进教学，深入教学。

二、教学实录

（一）质疑导入，引发阅读期待

师：（随意和孩子们交流）孩子们平常都特别喜欢看课外书吧？从书中，你们一定积累了不少的名言佳句，能不能把你最喜欢的一句话告诉我们，让大家一起分享呢？（学生争先恐后交流自己积累的名言）

师：（微笑地）老师也有一句话要和大家分享。（出示句子：今天我得到了一个沉痛的教训——永远不要在发怒的时候处理任何事情。）谁来读读？（生大声地把句子读了一遍）

师：（鼓励地）真好！做到了不加字，不漏字，而且还注意读到"破折号"时略作停顿！全班同学一起像他这样读读！（生齐读）

师：（明知故问）知道这句话是谁说的吗？

生：（整齐地）成吉思汗！

师：（肯定）对！板书"成吉思汗"。这个"汗"我们常读作"hàn"，但当它做"大王"意思讲解的时候读"hán"。一起来读读。（生齐读）

师：读了这句话，自然而然会产生一些问题，比如说有哪些问题？

生：成吉思汗从什么事中得到教训的？

生：为什么不要在发怒的时候处理事情？

（教师随手将学生的两个问题板书在黑板上）

师：刚才同学们提出的问题的答案就在一篇课文里，题目叫《成吉思汗和鹰》。

（师板书完课题）

评析：从成吉思汗的话质疑导入，唤醒学生预习课文时的知觉记忆，催生解决问题的原动力，利于学生在头脑中回顾事件，利于学生带着自己的疑问积极地浏览课文，让学生在不知不觉中跳进文本。

（二）整体感知，读"薄"文本

师：昨天孩子们都回去预习了，现在请大家翻到课本90页，带着刚才的问题，快速地浏览一下课文。（生快速浏览课文，师巡视指导。）

师：在回答这两个问题之前，老师先来检查一下大家的读书情况。

（出示句子：传说，有一次成吉思汗骑马去森林里狩猎，很多朋友陪伴着他，仆人带着猎狗跟在后面。抽一生读。）

师：（表扬）你读书可真仔细！我们一起来读读，特别注意"狩猎"这个词的读音。

生齐读。随后教师又检查了几处容易读错的句子，学生均能读得正确流利。

师：（竖起拇指）很好！看来孩子们预习时读书都很认真。现在谁来说说"成吉思汗从什么事中得到了教训"？（学生把事情的大体经过说了一遍，但有点啰嗦）

师：（肯定）你说得很清楚。谁再来说说，看看能不能更简洁一些呢？

生：成吉思汗在饥渴难耐下，连续四次接水都被鹰打翻了。成吉思汗在一怒之下射杀了自己最宠爱的鹰。当他明白事情的真相后，他懊悔不已，由此得到了一个沉痛的教训。

师：（赞美）你真棒！说得既清楚又简洁。

师：成吉思汗在饥渴难耐下，连续四次接水都被鹰打翻了。成吉思汗在一怒之下射杀了自己最宠爱的鹰。当他明白事情的真相后，他懊悔不已，由此得到了一个沉痛的教训。（教师边说边板书如下）

$$\text{成吉思汗} \quad \xleftarrow[\text{救了}]{\text{射杀}} \quad \text{鹰}$$

（冲动）　　　　　　（忠诚）

师：瞧，孩子们会读书！这么长的文章，用几句话就概括出来了，我们也可以说是把"厚"的文章读"薄"了。（板书：读"薄"）

评析： 从整体上去把握文本的脉络，感知文本的主体，教师顺势指出，这就是把"长"的文章读"短"了，也可以说把"厚"的文章读"薄"了。这就暗示学生，我们读文章要能够站在文本之上，对文本进行俯视，总揽全局，关注整体，读出文本主要意思和表达的主要内容。对学生而言，这是很重要的一个语文能力训练点。只是这样的意图更能让学生浸润在无声无息的质疑与释疑的教学环节中，在不露痕迹的诱哄下不知不觉入了教师布下的"温柔陷阱"。更重要的是给学生建立起了一个前概念——"读薄"，为学生在下一步学习中把文章"读厚"奠定起心理基础和学习方法的指引。

（三）"点"上深入，读"厚"文本

师：我们不仅要能从整体上去把握文章，把文章读"薄"，还要能够走进文章中去深入感受，从文字中去获得丰富的体验，这就需要把文章读"厚"（板书：读"厚"）。只要把文章读"厚"了，同学们刚才提的第二个问题就迎刃而解了。怎样才能把文章读厚呢，现在我们以文中的第9自然段为例来练习练习。（屏幕出示句子：他高兴极了，从猎袋里拿出一只小杯子，去接那慢慢滴下的水。抽一生读。）

1. 例子示范

师："他"指的是谁？

生：成吉思汗。

师：成吉思汗为什么高兴极了？

生：因为他好不容易才找到水！

师：你是从文中哪里读懂的？

生：第8自然段。

师：（示意捧书）请大家看到第8自然段。

生：（大声读第8自然段）他终于看到有水从岩石边滴下，上面应该有一个泉眼。在潮湿的季节里，这里总有一条急流倾斜而下，可现在只是一滴一滴地往下滴水。

师：（追问）你从"终于"这个词体会到了什么？

生：成吉思汗好不容易才找到水！

师：是啊，找水多么不容易啊！所以他——（手指大屏幕"他高兴极了，从猎袋里拿出一只小杯子，去接那慢慢滴下的水"示意学生读，生读后师探究地看着学生）从"倾斜而下"和"一滴一滴"你又体会到什么？

生：天气很热。

生：水很少。

师：（感叹）是啊，这水多么珍贵！所以他——（手指大屏幕"他高兴极了，从猎袋里拿出一只小杯子，去接那慢慢滴下的水"示意学生读，生齐读。）

师：（故作神秘）刚才这位孩子联系第 8 段知道了成吉思汗为什么高兴，你们知道这种读书方法叫什么吗？

生：联系上下文理解。（师板书：联系上下文）

师：那你还从哪些地方读懂了成吉思汗高兴极了的原因？

生：（急不可待）第 7 自然段。

师：（示意捧书）请大家看到第 7 自然段。请你读读。

生：当时天气很热，成吉思汗感到口渴得厉害，他多希望能找到一汪清澈的泉水解解渴，可是炎热的天气把所有的山间小溪烤干了。

师：你从这段中读懂了什么？

生：当时天气很热，成吉思汗口很渴。

师：他多希望找到一汪清澈的泉水解解渴，从这个"多希望"你又体会到什么？

生：成吉思汗特别想找到水，喝他个痛快！

师：因为天气热，成吉思汗口可难耐，所以当他看到慢慢滴下的水时，他——（手指大屏幕"他高兴极了，从猎袋里拿出一只小杯子，去接那慢慢滴下的水"示意学生读，生齐读，声音高昂。）

师：成吉思汗看着滴下的水，他心里会怎么想？（出示填空练习：他高兴极了，从猎袋里拿出一只小杯子，去接那慢慢滴下的水。心想：_____）你们看横线上可以填什么？

生：（高兴的语气）终于喝到水了！

生：（急切的语气）好不容易才找到水，我一定要喝个痛快！

生：（如释重负的语气）真是皇天不负有心人！终于找到水啦！

师：（赞美）瞧，孩子们说的句子虽然不一样，但表达的意思却都是一样的。在这个过程中，其实你们都把自己当成了谁呢？

生：（齐）成吉思汗！

师：那这种读书方法叫什么呢？

生：把自己当作文中的角色。（板书：角色体验）

师：（放慢语速）看，我们刚才以文章第9自然段为例，用"联系上下文"和"角色体验"这两种方法，读出了文字中没有写出的内容，把文章读"厚"了。

评析： 以"成吉思汗为什么高兴极了？"这一问让学生返回到整篇文章中，运用角色体验的处理方式，引导学生从"终于""天气很热""口渴得厉害""只是一滴一滴地往下滴水"等语词中深刻体会到此时此刻水的珍贵，找水的不易，体会到成吉思汗对水的渴望，以及接到水的不易。随机引导学生悟到读书就是要这样联系上下文，从关键的语词中去咂出味道来。

（成吉思汗心想：_____），教师补充的这个提示语引领学生将自己当作成吉思汗去体验人物心情，学生当然会将自己浸进文本中，投入真实的情感，调动真实的生活场景，设身处地去设想，去体会，去经历，想人物之所想，急人物之所急。学生将自己的切身之感融入朗读中，自然声声含情。此时，教师将读"厚"文章的方法揭示出来，水到渠成。

2. 迁移运用

师：现在，我们就用这样的方法把文章的9—18自然段读"厚"。老师为你们准备了相关的材料，请孩子们从抽屉里拿出来，认真地读，认真地填写留出的空格，给大家8分钟，开始！

（生填写，师巡视指导。）

材料如下：

他高兴极了，从猎袋里拿出一只小杯子，去接那慢慢滴下的水。（心想：哈哈，终于可以喝到水啦！待会儿非得喝他个痛快！）

他花了很长时间才接满了一杯水。他把杯子送到嘴边，准备一饮而

尽。（鹰见此情景，心里大声叫道：＿＿＿＿＿＿＿＿＿＿＿＿。）突然
"嗖"的一声，他的杯子被打掉了，水全洒在地上。

成吉思汗抬头一看，原来是他那只宠爱的鹰干的。（觉得很奇怪：
＿＿＿＿＿＿＿＿＿＿＿？）

这只鹰一直在他的上空盘旋。（它发现＿＿＿＿＿＿＿＿＿＿，
可是成吉思汗却＿＿＿＿＿＿＿＿＿＿。）

成吉思汗捡起杯子，又去接那水滴。这次他没有等多长时间，只接
了半杯水，就把杯子举到嘴边。这只鹰又俯冲了下来，（边冲边在心里
喊道：＿＿＿＿＿＿＿＿＿＿。）（又）把他手中的杯子撞掉了。

这次他有点生气了，（纳闷：＿＿＿＿＿＿＿＿＿＿＿
＿＿＿＿＿＿＿＿＿＿＿＿＿。）他又接了一次，（那
只鹰更着急：＿＿＿＿＿＿＿＿＿＿＿＿＿。）那
只鹰第三次撞翻了杯子。成吉思汗可是真的生气了。

"你怎么敢这样？"他大声嚷道，"看我不抓到你，拧断你的脖子！"
（"＿＿＿＿＿＿＿＿＿＿＿！"鹰在心里坚定地说。）

他又接了一杯水，"喂，我说老鹰啊，这可是最后一次了。"

他还没说完，鹰就飞扑下来，扑掉了他手里的杯子。成吉思汗气急
败坏，他摘下弯弓，仰天向老鹰射去。只见老鹰在空中一抖，惨叫一声
落了下来，血流满地，死在主人的脚下。

"这就是你的下场。"成吉思汗说。）

师：可以交流了吗？

生：（信心满满）可以。

师：好，现在老师跟你们合作，我来读原文，请同学站起来读你补
充的内容，好吗？

生：（纷纷举手）好！

师：他高兴极了，从猎袋里拿出一只小杯子，去接那慢慢滴下的
水，心想：哈哈，终于可以喝到水啦！待会儿非得喝他个痛快！他花
了很长时间才接满了一杯水。他把杯子送到嘴边，准备一饮而尽。鹰见

此情景，心里大声叫道——

生1：（大声）别喝，这水有毒！

生2：（着急）主人，别喝，这水有毒！

师：（接读）突然"嗖"的一声，他的杯子被打掉了，水全洒在地上。成吉思汗抬头一看，原来是他那只宠爱的鹰干的，他觉得很奇怪——

生1：这鹰今天怎么了？为什么要打掉我手中的杯子？

生2：我好不容易才接到的水，鹰为什么要给我打掉呢？

师：这只鹰一直在他的上空盘旋。它发现——

生：（急切）岩石顶上的水池里躺着一条粗大的剧毒死蛇。

师：（放慢语速）可是成吉思汗却

生：（着急）一点也不知道。

师：（略作停顿）成吉思汗生气了吗？

生：没有。

师（疑问）：你怎么知道的？

生：因为这是他宠爱的鹰干的。

师：什么叫"宠爱"？

生：因喜欢而偏爱。

师：（拿起练习单继续引读）成吉思汗捡起杯子，又去接那水滴。这次他没有等多长时间，只接了半杯水，就把杯子举到嘴边。这只鹰又俯冲了下来，边冲边在心里喊道——

生1：（加大声音）主人啊，这水真的不能喝！

生2：（更急切地大声喊）主人啊，这水有毒，您可千万不能喝啊！

师：（迅速接上学生的话）又把他手中的杯子撞掉了。这次他有点生气了——

生1：（生气）这鹰今天一点也不听话！

生2：（皱起眉头生气）小心我收拾你！

师：（拿起题单继续引读）他又接了一次，那只鹰更着急——

生1：（更着急）主人，您怎么不理解我的一片苦心呢！

生2：（坚决）主人，水有毒，我必须得打翻你的杯子！

生3：（呐喊）主人，这水有毒，您可万万不能喝啊！

师：（急切接读）那只鹰第三次撞翻了杯子。成吉思汗可是真的生气了。"你怎么敢这样？"他大声嚷道，"看我不抓到你，拧断你的脖子！"鹰在心里坚决地说——

生1：反正这水我是不会让您喝到的！

生2：主人，即使您拧断我的脖子，我也不会让您喝下去的！

生3：就算您拧断我的脖子，我也不会让您喝下这毒水的！

师：（接读）他又接了一杯水，"喂，我说老鹰啊，这可是最后一次了。"他还没说完，鹰就飞扑下来，扑掉了他手里的杯子。成吉思汗气急败坏，他摘下弯弓，仰天向老鹰射去。（语气低沉）只见老鹰在空中一抖，惨叫一声落了下来，血流满地，死在主人的脚下。"这就是你的下场。"成吉思汗说。

教师读完后，全场静默，教师若有所思地看着学生。

师：刚才用"联系上下文"和"角色体验"这两种读书方法把文章9—18段读"厚"了。我们在深入地读书中感受到鹰救主人的心情是一次比一次着急，而成吉思汗心里却是一次比一次生气！现在我们回到课文中，读课文的9—18自然段，尽管没有了补充的语言，相信孩子们也能把这种感觉读出来。（学生声情并茂地齐读9—18段）

评析： 有了例子的详细示范引领，再给学生提供一个创建的文本——在9—18自然段中外加一些提示语，让学生根据自己的理解去补充完善，形成自己的读书成果——一个文本。此时的教学现场是安静的，学生静思默想，奋笔疾书，不时翻阅整篇文章进行思考。难道这不是作笔记吗？这不是比读书笔记更深入、更细致吗？因为有了提示语的引领，学生思考更有方向，也更有深度和力度。同时，学生因为实实在在的运用，习得的读书方法进一步得到巩固，慢慢浸到自己的血液中去，这不就是语文能力的渗透过程吗？

集体交流的过程就是师生分享智慧，分享感悟的过程，如同一群美食家在共同品尝美味，谈论美味。在此过程中，鹰救主人时一次比一次急迫的心情，不明就里的成吉思汗一次比一次生气，最终恼怒的情绪变化，在师生的共同交流，共同探讨，共同演绎下变得真实可感，变得栩栩如生。文本在学生的头脑中因此而立体与丰盈。

读"厚"文本，让文本增加和丰富了，最重要的是习得一种读书方法。并非是对文本的完善，更不是对文本的修订。教师告诉学生，通过读"厚"课文，我们深入感悟了成吉思汗和鹰的内心世界，回到原文，没有了补充的内容，同学们也能将课文的丰富内容读出来。如同一个舞者，尽情挥洒之后，立定，谢幕，满脸含笑，此时脑中储存的，一定是翩跹中的动情与激荡。读过，想过，悟过的过程，就是丰厚情感的积淀和敏锐语感的锤炼啊！

（四）反复叩读，深化主题

师：（痛惜的语气）孩子们，这是一只什么样的鹰啊？

生1：忠实的鹰。

生2：忠诚的鹰。（板书：忠诚）

师：（感叹）如此忠诚的鹰，如此忠实的鹰，却让成吉思汗在气急败坏下射死了。

师：（降低语调）当成吉思汗知道事情的真相后，他怎样？

生：（面露悔恨）懊悔不已。

师：你是怎么理解这个词的？

生：成吉思汗很后悔，但是已经来不及了。

师：（提高音调）所以，成吉思汗得到了一个什么样的教训？（手指大屏幕示意学生读：今天我得到了一个沉痛的教训——永远不要在发怒的时候处理任何事情。）

生：（语气沉重地齐读）今天我得到了一个沉痛的教训——永远不要在发怒的时候处理任何事情。

师：（强调的语气）成吉思汗得到一个沉痛的教训——（手指屏幕

示意学生接读）

生：（大声齐读）永远不要在发怒的时候处理任何事情。

师：（疑问的语气）那么，为什么不要在发怒的时候处理任何事情呢？

生：因为成吉思汗在发怒时射杀了救他命的鹰。

生：成吉思汗在发怒时变得很冲动。（板书：冲动）

师：是啊，成吉思汗在盛怒之下做了让自己懊悔不已的事，所以他告诉我们——（手指屏幕示意学生读）

生：（语气更为激越地读）永远不要在发怒的时候处理任何事情。

师：为什么不要在发怒的时候处理任何事情呢？举个例子来说说。

生：有一次，我听到新闻里报道说：有位农民为跟别人争地，一怒之下用锄头打死了邻居。

师：人在发怒时容易做错事，所以成吉思汗用血的教训告诉我们——（手指屏幕示意学生读）

生：（激动的语气）永远不要在发怒的时候处理任何事情。

师：（放缓语速）当你发怒时，你现在知道怎么办了吗？

生1：（肯定）知道，要冷静，不冲动。

生2：要沉着，不急于做决定。

师：（激昂）孩子们，当你以后发怒或冲动时，一定要记住成吉思汗的这句话：

生：（有力地齐读）永远不要在发怒的时候处理任何事情。

评析： 把想象的空间留给学生，把判断的权力让给学生，把表达的自由交给学生，真正体现学生学习的自主性。在对文本的反复扣读中，学生深入了故事的内核，情由心生，情动辞发，充分感受到了鹰的忠诚和成吉思汗内心深深的悔恨与自责。这时，课堂就不仅是读书的过程，还是学生经历生命成长的过程。

三、板书设计

成吉思汗和鹰

射杀

成吉思汗 ←————→ 鹰

救了

（冲动）　　　　　　（忠诚）

《西门豹治邺》

毛琼英

【课文】

战国时候，魏王派西门豹去管理漳（zhāng）河边上的邺（yè）。西门豹到了那个地方，看到田地荒芜（wú），人烟稀少，就找了位老大爷来，问他是怎么回事。

老大爷说："都是河伯娶（qǔ）媳（xí）妇给闹的。河伯是漳河的神，每年要娶一个年轻漂亮的姑娘。要不给他送去，漳河就要发大水，把田地全淹了。"

西门豹问："这话是谁说的?"

老大爷说："巫（wū）婆说的。地方上的官绅（shēn）每年出面给河伯办喜事，硬逼（bī）着老百姓出钱。每闹一次，他们要收几百万钱；办喜事只花二三十万，多下来的就跟巫婆分了。"

西门豹问："新娘是哪儿来的?"

老大爷说："哪家有年轻的女孩子，巫婆就带着人到哪家去选。有钱的人家花点儿钱就过去了，没钱的只好眼睁睁地看着女孩儿被他们拉走。到了河伯娶媳妇那天，他们在漳河边上放一条苇席，把女孩儿打扮好了，让她坐在苇席上，顺着水漂去。苇席先还是浮着的，到了河中心就连女孩儿一起沉下去了。有女孩儿的人家差不多都逃到外地去了，所以人口越来越少，这地方也越来越穷。"

西门豹问："那么漳河发过大水没有呢?"

老大爷说:"没有发过。倒是夏天雨水少,年年闹旱(hàn)灾。"

西门豹说:"这样说来,河伯还真灵啊。下一回他娶媳妇,请告诉我一声,我也去送送新娘。"

到了河伯娶媳妇的日子,漳河边上站满了老百姓。西门豹带着卫士,真的来了,巫婆和官绅急忙迎接。那巫婆已经七十多岁了,背后跟着十来个穿着绸(chóu)褂的女徒弟。

西门豹说:"把新娘领来让我看看。"巫婆叫徒弟把那个打扮好的姑娘领了来。西门豹一看,女孩儿满脸泪水。他回过头来对巫婆说:"不行,这个姑娘不漂亮,河伯不会满意的。麻烦你去跟河伯说一声,说我要选个漂亮的,过几天就送去。"说完,他叫卫士架起巫婆,把她投进了漳河。

巫婆在河里扑腾了几下就沉下去了。等了一会儿,西门豹对官绅的头子说:"巫婆怎么还不回来,麻烦你去催一催吧。"说完,又叫卫士把官绅的头子投进了漳河。

西门豹面对着漳河站了很久。那些官绅都提心吊(diào)胆,连气也不敢出,西门豹回过头来,看着他们说:"怎么还不回来,请你们去催催吧!"说着又要叫卫士把他们扔下漳河去。

官绅一个个吓得面如土色,跪(guì)下来磕(kē)头求饶,把头都磕破了,直淌(tǎng)血。西门豹说:"好吧,再等一会儿。"过了一会儿,他才说:"起来吧。看样子是河伯把他们留下了。你们都回去吧。"

老百姓都明白了,巫婆和官绅都是骗钱害人的。从此,谁也不敢再提给河伯娶媳妇,漳河也没有发大水。

西门豹发动老百姓开凿(záo)了十二条渠道,把漳河的水引到田里。庄稼得到了灌溉,年年都得到了好收成。

一、课前思考

初读文章,发现它的故事性很强,学生很容易把握住故事内容,也能由西门豹设计破除迷信,大力兴修水利,使邺地繁荣起来体会到他的智慧。显然，教学目标不能仅仅确定在理解课文内容，感悟人物品质上。该如何定位本课的教学目标才能让学生有尽可能大的收获呢？

再读文章，语言朴实，但并不让人感到乏味。尤其是文章的11、12自然段很有意思，西门豹的语言看似平淡却一语双关。"不行，这个姑娘不漂亮，河伯不会满意的""麻烦巫婆去跟河伯说一声""等了一会儿，西门豹对官绅的头子说"这些语言大有深意，值得细细玩味。老师边读边不断地扣问自己"西门豹为什么要这样说？""他这样说的言外之意是什么？"老师越读越感叹：文章正是用看似平淡无奇的语言勾画了一个足智多谋的人物形象。这样的文章，就是要让学生走进文章的"骨头缝"里去感悟，去品味，才能深刻感知西门豹将计就计，不动声色，假戏真做的智慧，才能凸显作者让一切顺其自然的匠心。当然，这个过程正是对学生玩味语言、敏锐感知语言能力的培养。正因为这部分西门豹的言行与他的心理活动严重地"表里不一"，因此很容易引起学生一探究竟的兴趣，因此此处可作为本文教学的情趣点去重点生发。

另外，文章前部分西门豹在调查情况时与老大爷的对话，简简单单中蕴含着丰富的思维活动。"河伯真灵啊，到时候我也去送送新娘"，这容易触动学生探究的欲望，西门豹为什么要这样说？同时此处也是展现西门豹智慧的重要一笔，不可忽视，所以可作为教学的另外一个情趣点。

对于情趣点的处理，我决定采用"话题推动式"和"质疑问难式"。前者针对整个教学过程，设置一个话题包容学生凭借语言文字感悟西门豹智慧的整个过程。后者放在具体的环节中，引导学生针对具体的语言自主质疑，自主解疑，充分彰显个性化的阅读。

二、教学实录

（一）整体感知，设置话题

首先，老师让学生回顾《西门豹治邺》的主要内容，并随机复习了利用课题概况课文主要内容的方法。

师：古代十大智慧人物评选，西门豹被选中了，如果评委会请你为他写一段颁奖词，你会怎么写？（学生脸露兴奋之色，眼神一亮，陷入沉思）你们觉得应该从哪个方向去思考？

生：应抓住人物的特点。

生：既然评选的是智慧人物，应突出西门豹的智慧。（众生点头）

师：现在就请大家沉入文章中，认真地、细致地读课文，看看哪些地方最能体现西门豹的智慧，在旁边写上自己的观点，以备写颁奖词用。给大家 10 分钟时间。

评析：此话题与时代元素相连，富含情趣，为学生自主阅读文本、思考探究注入了欲望和动力，远比"西门豹是个什么样的人？""西门豹的智慧体现在哪里？"这些枯燥的问题所产生的效果要理想得多。

（二）沉入文本，自主思考

学生开始静静地读书，深深地思考，课堂进入安静状态。10 分钟后。

（三）交流对话，深化感悟

师：谁先来表达自己的观点？

生：我认为西门豹的智慧体现在首先是进行情况调查，弄清邺这个地方当前存在的问题，只要解决了问题，邺不就变好了吗？

生：西门豹弄清问题后，想了一个巧妙的办法来解决。

生：西门豹找到问题后，不是很简单地就去处理巫婆和官绅。

……

师：刚才大家是从大的方向来说的，下面我们再进入到文字中，去看看西门豹是怎样查问题，又是怎样巧妙地解决问题的？首先我们看看西门豹是怎样查问题的。

1. 从两个"闹"入手，揣摩西门豹的心理。

师：西门豹到了邺这个地方。看到的景象是——（生：田地荒芜，人烟稀少）这就是邺地最大的问题。西门豹是怎么去查原因的？

生：西门豹问了一个老农，老农说，这都是给河伯娶媳妇闹的。

（师相机出示句子：这都是给河伯娶媳妇闹的。生读句子）

师："这"指什么？"闹"在句子中是什么意思？

生："这"指邺这个地方。"闹"在句子中是"搞、弄成"的意思。

师：河伯娶媳妇为什么闹得田地荒芜，人烟稀少？（手指语文书）再读课文，概括性地说一说。

生略想片刻后说，巫婆官绅给河伯娶媳妇，就大量地逼迫骗取老百姓的钱财。还拉走穷人家的女孩给河伯当新娘，将她投进漳河。

师：我们都知道巫婆官绅是利用给河伯娶媳妇骗取老百姓的钱财。可当地的老百姓是这样认为吗？（学生说不是，老师用手指书）到课文中去找依据。（生纷纷看书）

生：老大爷说是河伯娶媳妇给闹的，不是说巫婆官绅闹的。说明老大爷也可能相信有河伯。

生：老大爷没说过巫婆官绅骗钱这样的话。

生：我查过一些资料，战国时候的老百姓是很迷信的。

师：除了巫婆官绅给河伯娶媳妇闹的。还有其他原因吗？请找出文中的句子。

生：（念）倒是夏天雨水少，年年闹旱灾。（师出示这句话）

师：这句中的"闹旱灾"是什么意思呢？（生：发生旱灾）前面巫婆说过"要不给他送去，漳河就要发大水，把田地全淹了"。你有什么发现？

生：巫婆说的话与当地的实际情况自相矛盾。他们纯粹在欺骗老百姓。

师：我们再读读两个带"闹"字的句子（生读句子）。现在，你们能用自己的话说说邺地田地荒芜，人烟稀少的原因吗？可以用上表示因果关系的关联词。

生：因为巫婆官绅给河伯娶媳妇，还因为年年闹旱灾，所以邺地田地荒芜，人烟稀少。

生：邺地田地荒芜，人烟稀少的原因有两个：一是巫婆官绅给河伯娶媳妇；二是年年闹旱灾。

师：如果说"巫婆官绅给河伯娶媳妇"是人祸的话，那"夏天雨水少，年年闹旱灾"就是——（生齐：天灾）从两个"闹"，我们明白了天灾人祸是造成邺田地荒芜，人烟稀少的两个原因。西门豹明白吗？（生齐：明白）

师：（佯装不解地）不对呀，西门豹真的明白吗？课文里不是说"西门豹说，看起来河伯还真灵啊，到时候我也去看看"。（学生愣了一下，马上低下头去看书，片刻后）

生：联系下文我们可以知道，西门豹心里明白，惩治巫婆、官绅很简单，抓起来不就行了。问题是老百姓也相信有河伯。

生：战国时候的老百姓都很迷信。西门豹可能在想，如果老百姓相信有河伯，很多事情都不好办。要是带着他们去开渠引水，他们会担心河伯怪罪而不愿意去。

生：不破除老百姓的迷信，仅仅惩治巫婆、官绅不能从根本上解决问题。

生：思想问题是最难解决的，关键是要让百姓明白巫婆、官绅是骗钱的。

生：人心齐，泰山移。只要老百姓知道根本就没有什么河伯，解决问题还是要靠自己。干旱问题是有办法解决的。

师：对了，最主要的是先要解决人祸的问题。究竟西门豹会采用什么办法来惩治巫婆官绅，破除迷信呢？

评析：抓住"这都是给河伯娶媳妇闹的""倒是夏天雨水少，年年闹旱灾"这两个重点句子中的"闹"字入手，去分析造成"天地荒芜、人烟稀少"的重要因素。引领学生在不知不觉中进入西门豹的思维轨迹，老师的一句反问"不对呀，西门豹真的明白吗？课文里不是说'西门豹说，看起来河伯还真灵啊，到时候我也去看看'吗？"让学生将自己置换成西门豹，走进人物内心，为下文的感受除"人祸"之妙打下伏笔。"究竟西门豹会采用什么办法来惩治巫婆官绅，破除迷信呢?"学生在问题引领下学习兴趣浓厚,教学顺势进入下一个情趣点的处理。

2. 品读言外之意,感受除"人祸"之妙。

师:请大家读读课文的 10—12 自然段,看看这部分描写西门豹言行的语句有什么特点。(生默看)

生:我发现提示语全部以"西门豹说"的形式出现。

生:这些提示语好像没有一点感情色彩,读起来平淡无奇。

师:我刚读的时候也是这样的感觉,再读读,看看有没有新的感觉。

生:表面看是很平淡,但是感到文字里面似乎有另外的意思。

生:西门豹表面做的和说的跟他心里想的不一样,比如西门豹对官绅说"请你们去催一催",他是真的要官绅头子去催吗?显然不是。

师:(赞许地)你们真会读书!确实像你们所说的那样。这部分描写西门豹言行的重点语句并不是只有字面上的那层意思,还有另外的意思,这就是语言的言外之意。怎样才能读懂这些言外之意呢?老师给大家推荐一种方法,叫自问自答法。比如这个部分(大屏幕出示句子:他回过头来对巫婆说:"不行,这个姑娘不漂亮,河伯不会满意的。麻烦你去跟河伯说一声,说我要选个漂亮的,过几天就送去。"说完,他叫卫士架起巫婆,把她投进了漳河。)

师:(手指屏幕)读到"这个姑娘不漂亮"时这样问自己:西门豹为什么说"这个姑娘不漂亮"?读到"麻烦你去跟河伯说一声"时又可以问自己:西门豹为什么要麻烦巫婆去跟河伯说一声呢?然后联系上下文读书,解答自己提出的问题。现在看看你们能不能帮老师回答这两个问题?(学生低下头看书)

生:西门豹说姑娘"不漂亮"是为了救出姑娘,因为他不这样说的话,姑娘就会被投进漳河。

生:他这样说了才有不把姑娘投进河中的理由。姑娘没有投进河中,才会有理由让巫婆去跟河伯说一声。

师：第二个问题呢？

生：说麻烦巫婆去跟河伯说一声是为了惩办巫婆，把巫婆投进漳河。

生：他知道巫婆投进河中就不会回来，这样又会有让官绅头子去催一催的理由。

生：他表面上要装得跟真的一样，所以他很客气地说"麻烦"。

生：巧妙在既救出了姑娘，又惩办了巫婆。

师：真好，我们这样自问自答，就弄明白了文字的言外之意，感受到这些看起来很平淡的语言中的丰富内涵。真了不起！这部分中余下的句子，请同学们也采用这样自问自答的方式去体会文章的言外之意。为了帮助自己体会，可以简要地旁注提出的问题，并试着回答。给大家8分钟时间。（学生开始读书，作旁注，师巡视指导。）

评析：方法比知识更重要。可怎样才能教给学生良好的学习方法呢？老师的示范引导必不可少。为了让学生品味语言时学会质疑问难，老师便以自己读书时的产生的疑问启发学生思考。学生为了帮助老师解决问题，品味语言时格外认真，不由自主地走进文本，开展深层次阅读。学生自然领悟了品味语言的方法。

生汇报交流开始，师相机出示句子，并给以精要点拨。主要有下面三处地方：

（1）等了一会儿，西门豹对官绅的头子说："巫婆怎么还不回来，麻烦你去催一催吧。"说完，又叫卫士把那个人投进了漳河。

生：我提出的问题是，西门豹为什么要"等一会儿"？他真的在等巫婆吗？西门豹说"巫婆怎么还不回来"是真的担心巫婆吗？他为什么要麻烦官绅的头子去催一催？我发现西门豹并不是在等巫婆回来，而是做做样子，等给老百姓看，是为了证明巫婆不会回来，好请官绅的头子去催一催。说"巫婆怎么还不回来"并不是真的担心巫婆，他这样说是为了让官绅的头子去催一催，好把官绅的头子投进漳河。

师：你真会思考。还可以进一步思考，他为什么要等给老百姓看呢？

生：他让老百姓看到，巫婆回不来。让老百姓明白，巫婆不是说自己能通神吗？怎么还是淹死了？看起来是谎话。

师：你能说说西门豹这样说的巧妙之处吗？

生：他假装客气，麻烦官绅的头子去催一催，在不动声色中坚决地将他扔进漳河，得到了惩治官绅头子的目的。

（2）西门豹回过头来看着他们说："怎么还不回来，请你们去催催吧！"

生：我读这句时提出的问题是，西门豹已经惩治了罪大恶极的巫婆和官绅头子为什么还要很客气地"请"官绅们去催巫婆和官绅头子回来呢？原来西门豹是为了自始至终严肃认真地演好"送送新娘"这场戏。西门豹很客气地"请"官绅们去催巫婆和官绅头子回来时，官绅们一个个吓得"面如土色，磕头求饶"。西门豹这样说的目的是要吓唬那些官绅们，警告他们不许再为非作歹。

（3）西门豹说："好吧，再等一会儿。"过了一会儿，他才说："起来吧。看样子是河伯把他们留下了。你们都回去吧。"

生：读了这句我想西门豹为什么要"再等一会儿"？他说"看样子是河伯把他们留下了"是什么意思？原来西门豹是要用耐心再等的方法证明巫婆和官绅头子是不会回来了，这样就用事实证明根本没有什么河伯，以此教育百姓不要相信有什么河伯。

师：再提一个问题，西门豹为什么不把官绅们一起投进漳河呢？

生：官绅们是从犯，达到警告他们的目的就行了。还有，留着官绅们还可以帮着干点事。

生：还可以让百姓看看这些官绅害怕的样子，说明根本就没有什么河伯。

师：此时此刻那些站在漳河边目睹了整个事情经过的老百姓会说些什么呢？

生："呀，原来巫婆说的话是假的。巫婆他们是骗人钱财的。"

生："哎！以前我们怎么会相信巫婆的鬼话？多亏西门豹大人，以后我们有好日子过了!"

生:"西门豹真是一个好官,他在用事实证明巫婆和官绅用迷信欺骗我们。"

师:今天,同学们掌握了自问自答的读书方法。很多文章我们都可以运用这种方法体会文字中丰富的内涵。我们来总结一下,西门豹惩治巫婆、官绅,破除迷信的办法妙在哪里?

生:西门豹利用给河伯娶媳妇时说新娘不漂亮的办法,将巫婆和官绅头子投进了漳河。

生:巧妙在既救了新娘,又惩治了恶人,还破除了迷信。真是一举三得。

师:(提醒地)你们知道西门豹所使用的计策在三十六计中叫什么计吗?

生:(立即醒悟过来)将计就计。

生:还可以叫"以其人之道还治其人之身"。

师:对呀,妙就妙在将计就计,不动声色,假戏真做。

评析:对本情趣点的处理,采取"质疑问难式"。学生自己提出问题,自我激发起探究问题的兴趣,在问题引领下沉浸于文本中,走进人物内心去思考,去发现,去体验,与文本深层次对话,学习兴趣浓厚,情感体验丰富,极大地丰富学生对西门豹这个人物智慧和品质的感知,深刻感受到了西门豹的大智慧。

3. 引读课文第三部分,了解破"天灾"之巧

师:西门豹惩治了巫婆和官绅,破除了迷信,解决了人祸这个主要问题。接下来该解决什么问题呢?(天灾)

引读(在惩治了巫婆和官绅头子,破除了迷信以后)……(生)"西门豹发动老百姓开凿了十二条渠道,把漳河的水引到田里。庄稼得到了灌溉,每年的收成都很好。"

师:西门豹破除迷信以后,发动老百姓凿渠引水,用科学的方法解决了"闹旱灾"的问题。

(四)总结陈述,拟写颁奖词

师：我们从课文朴素的文字中深入地感受了西门豹的智慧，现在给他写一段颁奖词应该是不成问题了，现在给大家3分钟时间。（每个学生均投入紧张的书写中，现场很安静，3分钟后教师组织大家交流）

生：足智多谋、敢作敢为、崇尚科学，造福百姓。让我们永远记住这位了不起的人物吧。

生：天生的大导演，不动声色中惩恶扬善，教育老百姓；智慧堪比诸葛。

生：不与官绅巫婆勾结，一心只为老百姓做事，老百姓的父母官。

……

三、板书设计

查原因：找到真相

$$西门豹治邺 \begin{cases} 治人祸：将计就计 & 尊重科学 \\ 治天灾：凿渠引水 & 破除迷信 \end{cases}$$

评析：小学语文特级教师盛新凤说："真正的阅读是深层次的，与自己心灵的对话。在与自己内心深层次的对话交流中，我们感动着，收获着，这是一种最真实、最真切的阅读体验。"本文教学采用"话题推动式"和"质疑问难式"处理情趣点，让学生的思维宽度和广度拥有无穷张力。学生自主质疑解疑，在深层次的阅读中品味语言，同时又学到了阅读方法，发展了思维，培养了语感，陶冶了情操。这样的语文课堂难道缺少情趣吗？

《毽子里的铜钱》

伍文艺

【课文】

每回闻到巷子里飘来烤山薯的香味，我就会想起几十年前家乡那位

卖烤山薯的老人；想起他一双黑漆漆的手，和手心里两枚亮晶晶的
铜钱。

那时，我大约十岁左右吧。有一天，在院子里踢毽子，卖烤山薯的
来了。闻到那股子香喷喷的味道，好想吃啊！身边没有钱，却伸着脖子
问："老伯伯，几个铜板一个？"（那个时代，还用铜板呢，一枚银角子
换三个铜板，一块银元换三百个铜板。）老人一声不响，却笑呵呵地伸
手在烘缸里取出一个小小的烤山薯，往我手里一放说："给你吃。"我
十分感激，就慢慢地剥开了皮，万分珍惜地吃起来。

隔壁的二婶走过来了，她挑了几个大的烤山薯，称一称正好要十个
铜板。二婶说："算九个铜板吧，我手里只有九个。"老人说："不行
啊，我要亏本啦。"二婶说："下回补你就是了。"她就捧着山薯进
去了。

老人愣愣地望着她家那扇门；我呢，愣愣地望着老人。他满脸的皱
纹很深很深，很不快乐的样子，我心里说不出的难过，只想代二婶给他
一个铜板，但是身边真的没有钱。看看手里吃了一半的烤山薯，结结巴
巴地说："老伯伯，我也没给钱呢。"

老人笑了，他说："小孩子嘛，送给你吃的。"

我越发觉得心里不安，忽然想起毽子里面有两个铜钱儿。只是两个
铜钱呀，怎么抵得过一个铜板呢？但我还是急急忙忙撕开毽子的包布，
挖出两枚亮晶晶崭新的铜钱，递到老人手里说："老伯伯，给您。"

他好半天才明白我的意思，马上把铜钱放回我的口袋里，摸摸我的
头说："小姑娘，我怎么会拿你的钱呢？不过你的好心肠，我永远不会
忘记的。"他又在烘缸里取出一个小山薯给我说："再给你一个。"

我摇摇头不肯接。他却把烤山薯塞进我的口袋里，向我笑着摆摆
手，提着烘缸走了。望着他微微驼着的背脊，我心里空落落的，好像丢
失了什么东西。

铜钱在口袋里丁丁当当地响着，伸手一摸，它们在烤山薯旁边，也
热烘烘的。我捏着撕破的毽子，回到书房里，把刚才的事告诉老师。老

师仔细地听着，面露微笑。

我问老师："二婶是不是应当把欠老伯伯的一枚铜板再补给他呢？"

老师想了想说："我想她会补给他的。小君，我倒是很高兴你舍得把毽子里的两枚铜钱剥出来给他。"

我说："我那时心里很难过，觉得自己欠了他很多似的。"

老师说："不要难过，你有这份心就好了。做小贩的，栉风沐雨，都是非常辛苦的。你长大以后，要格外懂得体谅他们。"

老师慈和的声音，几十年来，时常响在我耳边。卖烤山薯老人满脸的风霜、谦卑的笑容和佝偻的背影，也时常浮现在眼前。他没有接受我的铜钱，却接纳了我的心意。他给我白吃了两个热烘烘的烤山薯，使我永远感到温暖在心中。

一、课前思考

《毽子里的铜钱》是北师大小学语文第七册一篇叙事散文。初读几遍课文，早已被琦君平淡朴实的语言，情感浓厚的故事深深地感动了，笔者为老人的艰辛和隐忍叹息，为老人的善良和慈祥感动。这样美好的文字，一定也能打动孩子们的。教材的情趣点在哪儿呢？

笔者再次浸到文章优雅的文字中，以作者、学生等不同的身份再次走进文本，在反复研读的过程中，思绪荡漾，透过那些质朴凝练的文字，一个念头清晰的出现在眼前：课文开头描写老人外貌以及留给琦君的温暖感觉是文章的情感浓烈处，很能触动读者心绪，尤其"温暖"二字，可说是全篇的核心情感。老人两次送琦君烤山薯时的神态、动作和语言，栩栩如生地刻画出一个朴实、厚道、善良的老人形象。老人白送两个烤山薯"温暖"了琦君一生，也让琦君怀念了一生。对了！教材情趣点可确定为三处：文章开头，老人一送烤山薯的细节，老人二送烤山薯的细节。其中，文章开头作为一个引入和统领，着力不多但却起着线索的灵魂作用；老人两送烤山薯的细节作为文章的重点，通过对这部分语言的揣摩和玩味引领走进故事，用心去感受烤山薯老人和琦君复杂的内心世界，在此过程中培养学生语感。

对这三处情趣点的处理，可运用角色体验式，让孩子们在整体把握文本的基础上，牢牢抓住"温暖"这个文眼，牵一发而动全身，引导学生走进老人白送两个烤山薯的情境之中，不仅让孩子们读懂老人的善良、慈祥、艰辛，以及对他的体谅和怀念，更重要的是读出文字之外的东西，那就是：金钱对我们每个人来说固然重要，但比金钱更重要的是人间的真情。

二、教学实录

（一）整体回顾课文，从"温暖"入手

师：读读课题（生读），从课题上来看，这是一篇状物的文章，但它不是写物，而是娓娓地给我们讲述了一个动人的故事。几十年过去了，作者琦君依然清晰地记得当时的情景。来我们一起读读她的话吧！（屏幕出示琦君的话：每回闻到巷子里飘来烤山薯的香味，我就会想起几十年前家乡那位卖烤山薯的老人；想起他一双黑漆漆的手，和手心里两枚亮晶晶的铜钱；想起他满脸的风霜、谦卑的笑容和佝偻的背影。他没有接受我的铜钱，却接纳了我的心意，使我永远感到温暖在心中。）

生齐读

师：老人没有接受我的铜钱，却接纳了我的心意，使我永远感到（生齐说：温暖在心中）（师相机板书：温暖）

师：故事中究竟发生什么事，让作者几十年后都感到温暖在心中呢？

生（回忆课文内容）：老人在十分困难的情况下，还要白送我两个烤山薯的事，让作者几十年后感到温暖在心中。

师：老人白送我两个烤山薯的事，让我感到温暖在心中。（相机板书：老人我）下面，就让我们走进故事，走进故事中这两位主人翁，用心去感受文中人物的心。

评析："感人心者，莫先乎情"。课堂教学是师生双边交流的一种最直接的对话。而课始激情能否激发，则是一节课成败与否的关键。它非常需要教师运用多种方法把学生的情感激发起来，向课文的情感靠拢，缩小学生与作者、与文本之间的差距。在这一环节中，老师慈祥的笑容，亲切低沉的语调，以情动情，引导孩子们不知不觉走进了作者琦君的内心世界，走进了一个充满真情的故事之中。

（二）品读老人两送烤山薯细节，让"温暖"入心

师：孩子们，故事中老人几次送我烤山薯？

生（齐说）：两次

师（出示自学小提示）：我这儿有一个小提示，我们一起看看。

师（指着提示强调）：提示上有两个要求：自读课文，边读边用"_____"勾出老人两次送我烤山薯的语句。反复读读勾画的句子，想一想从句子中你读懂了什么？写上旁注。我给大家5分钟的时间，开始吧！

生按照提示阅读，勾画，写旁注。师巡视

师：老人第一次是怎样送作者烤山薯的？

生：（读文中句子）老人一声不响，却笑呵呵地伸手在烘缸里取出一个小小的烤山薯，往作者手里一放说："给你吃。"

师：这是老人第一次送作者烤山薯的语句，我们一起读读。（师相机出示句子——老人一声不响，却笑呵呵地伸手在烘缸里取出一个小小的烤山薯，往我手里一放说："给你吃。"）

生齐读句子

师：从句子中你体会到什么？

生：我从"笑呵呵"一词中体会到老人很善良，虽然他不认识作者，但他还是很乐意把烤山薯给作者吃。

师：不错，你是个细心的孩子，抓住了老人的表情体会出老人的善良，请你向老人那样"笑呵呵"读读这个句子。

生（笑呵呵地读）：老人一声不响，却笑呵呵地伸手在烘缸里取出一个小小的烤山薯，往我手里一放说："给你吃。"

师：像他这样笑呵呵地读读这句话（生齐读句子）。继续说你的

体会。

生：我从老人说的话"给你吃"体会到老人很喜欢作者，很真诚地送作者烤山薯吃。

师：孩子，向老人那样真诚地说一说。

生（真诚地读）：给你吃。

师：咱们也像老人那样真诚地说一说。

生：（齐读）老人一声不响，却笑呵呵地伸手在烘缸里取出一个小小的烤山薯，往我手里一放说："给你吃。"

师：读到这儿，我觉得挺奇怪的：对作者这个素不相识的孩子来说，老人为什么会送作者烤山薯吃？

生：因为老人看出作者很想吃烤山薯，就毫不犹豫地就送作者一个烤山薯。他很照顾小孩子。

师：你从哪里读懂的？

生：我从第二自然段中"闻到那股子香喷喷的味道，好想吃啊！身边没有钱，却伸着脖子问：'老伯伯，几个铜板一个？'"这句话知道的。

师：你真会学习，知道联系上下文来理解课文的内容，我把这句话放入当时的情景中，来我们一起读读。（师出示：那时，我大约十岁左右吧。有一天，在院子里踢毽子，卖烤山薯的来了。闻到那股子香喷喷的味道，好想吃啊！身边没有钱，却伸着脖子问："老伯伯，几个铜板一个？"老人一声不响，却笑呵呵地伸手在烘缸里取出一个小小的烤山薯，往我手里一放说："给你吃。"我十分感激，就慢慢地剥开了皮，万分珍惜地吃起来。）

生齐读句子时感情不够。

师：孩子们，老人烤山薯的香味飘到校门口，可还没有飘到咱们教室呀。再来读读。（生声情并茂地齐读出示的句子）

师（引读）：老人不认识我，却笑呵呵地送我一个烤山薯，他的真诚、他的善良、他的慈祥，他对孩子发自内心的关爱。此时此刻，让作者感到（生齐读：温暖），于是作者十分感激的拿着烤山薯，就慢慢地——（生齐读：剥开了皮，万分珍惜地吃起来。）

师：刚才，我们抓住老人和作者动作、语言、神态体会出老人的真诚和善良。咱们学语文就应该这样，要抓住文章细微之处，把自己当作文中人物，才能用心去感受文中人物的心。

评析： 品读"一送烤山薯"，老师依托情感训练点，引导学生从烤山薯老人的神情、动作，以及朴实的话语，读懂了老人的真诚、善良和慈祥。正是由于有这样一位老人，正是因为他有一颗善良的心，所以，当他发现眼前这位可爱的孩子想吃烤山薯，但又没有钱时，老人似乎忘记了自己的贫穷，毫不犹豫地取出一个小小的烤山薯送给小作者吃。老人对作者发自内心的关爱，在作者那颗幼小的心灵里播下了一粒真情的种子，使作者心中感到无比的温暖，同时也温暖着在场的每一个孩子。

师：老人第二次又是怎样送我烤山薯的？

生：（生读句子）他好半天才明白我的意思，马上把铜钱放回我的口袋里，摸摸我的头说："小姑娘，我怎么会拿你的钱呢？不过你的好心肠，我永远不会忘记的。"他又在烘缸里取出一个小山薯给我说："再给你一个。"

师：我把这个句子写在大屏幕上，来，我们一起读读。（生齐读）

师：老人是在什么情况下又送作者一个烤山薯的？请同学们回扣课文3—6自然段，字字入目，句句入心的读一读，想一想。（生自读课文3—6自然段）

师：老人是在什么情况下又送作者一个烤山薯的？

生：老人是在作者急急忙忙撕开毽子，挖出两枚铜钱给他的情况下又送一个烤山薯的。

师：作者干吗要掏钱给老人？

生：因为二婶少给了老人一个铜板，她想替二婶补上。

师：是呀！二婶买了几个烤山薯，少给老人一个铜板，就不管不顾地走了。二婶的做法让老人——（生齐读：很不快乐）看到老人不快

▲ 小学语文情趣课堂的研究 ▼

乐,她是怎么做的——?(用手指书,示意学生读)

生(齐读):我还是急急忙忙撕开毽子的包布,挖出两枚亮晶晶崭新的铜钱,递到老人手里说:"老伯伯,给您。"(学生语气平淡)

师:急吗?忙吗?不急,不忙。再读!(生再齐读,语气变急)

师:毽子里的铜钱对作者来说重要吗?

生:重要,非常重要。

师:为什么?

生:毽子是小女孩的心爱之物,所以毽子里的铜钱对她来说很重要。

师:既然这两枚铜钱对作者来说这么重要,她为什么还要撕破毽子掏出铜钱递给老人呢?

生:因为作者看到老人因为二婶没给够钱很不快乐的样子,心里很不安。

生:因为白吃了老人的一个烤山薯,所以她想替自己还钱。

生:小作者觉得老人太可怜了,她想帮助老人。

师:是呀!为了替二婶还钱,为了替自己还钱,为了帮助老人,她撕破了心爱的毽子,掏出两枚铜钱递给老人。老人是怎么做的?一齐读——(屏幕出示:他好半天才明白我的意思,马上把铜钱放回我的口袋里,摸摸我的头说:"小姑娘,我怎么会拿你的钱呢?不过你的好心肠,我永远不会忘记的。"他又在烘缸里取出一个小山薯给我说:"再给你一个。")

师:老人没有要这两枚铜钱,难道这两枚铜钱对他来说不重要吗?

生:非常重要。

师:钱对老人来说很重要,请大家从课文里找出依据来,至少找四个地方。

生:我从第一自然段"黑漆漆的手"体会到老人生活很艰辛,全靠卖烤山薯为生。

生:我从"佝偻的背影"体会到老人为了养家糊口,把背都压弯了。

生：我从"满脸的风霜"体会到老人生活太艰辛了。

生：我从老师的话"栉风沐雨"体会出老人风里来雨里去，全靠买烤山薯维持一家人的生活。

……

师：老人的生活太艰辛了，钱对他来说真的太重要了，可当作者把钱掏出来给他时，他是怎样做的？（指屏幕示意学生读：他好半天才明白我的意思，马上把铜钱放回我的口袋里，摸摸我的头说："小姑娘，我怎么会拿你的钱呢？不过你的好心肠，我永远不会忘记的。"他又在烘缸里取出一个小山薯给我说："再给你一个。"）

师：读到这儿我觉得有个地方想不通。二婶买了几个烤山薯，少给老人一个铜板，老人就不高兴；而作者白吃两个烤山薯，老人却没有要作者的钱，反而又给作者一个烤山薯。老人对二婶，对作者为什么会有两种不同的态度？

生：老人做的是小本生意，二婶这样小气，老人很可能赚不到，二婶故意没给够，老人觉得很不开心。

生：作者是个小孩子，老人觉得小孩子是应该照顾的。

生：作者宁愿撕破心爱的毽子，也要把送烤山薯给我吃的钱付上。老人被我的善良与真诚感动了，所以他宁愿自己亏本，也要再一次把烤山薯送给作者吃。

师：是呀，钱对老人来说真的很重要，但在老人心目中比钱更重要的是什么？

生：是人与人之间的体谅。

生：是人与人之间的理解。

师：正是因为作者对老人多了一份理解、同情、体谅，让老人心里觉得特别的（生读：温暖），所以当作者拿钱给他时，他是怎样做的，再读——（生齐读：他好半天才明白我的意思，马上把铜钱放回我的口袋里，摸摸我的头说："小姑娘，我怎么会拿你的钱呢？不过你的好心肠，我永远不会忘记的。"他又在烘缸里取出一个小山薯给我说："再给你一个。")

师：就是这样一位慈祥、善良、艰辛的老人，就是这样一次又一次送作者烤山薯，使我们心中感到一阵阵温暖。让我们再回顾老人两次送作者烤山薯的情景，再来体会体会。

生再次齐读描写老人两送烤山薯的句子。

评析：老人是在什么情况下又送作者烤山薯？这既是文章的重点，又是难点所在。品读"二送烤山薯"，老师引导学生回扣课文3—6自然段，通过把二婶的行为与小作者的行为进行对比，二婶那种爱贪小便宜的性格以及小作者善良的形象跃然而出。从老人"愣愣的眼神"、"不高兴的样子"让小作者读懂了老人生活的艰辛，也让老人淳朴、善良的心灵更加凸显。同时使作者感激的心灵又添了几分不安，于是她急急忙忙撕破毽子，挖出两枚铜钱递给老人，老人被作者的体谅深深感动，不仅没有接受她的铜钱，反而又送她一个烤山薯，老人的真诚和善良再一次温暖着作者幼小的心灵……当学生明白故事情节后，老师巧妙地引导学生展开讨论："毽子里的两枚铜钱对'我'和老人重要吗？"孩子们联系上下文和背景资料，从老人"黑漆漆的手"、"满脸的风霜"、从老师的话体会出钱对老人、对"我"来说真的太重要了。此时，老师继续追问："是呀，钱对老人来说真的很重要，但在老人心目中比钱更重要的是什么？"孩子们沉醉在文本的情境之中，感悟到：金钱对每个人来说固然重要，但比钱更重要的是人间的真情。

（三）总结全文，让"温暖"永存

师：是呀，老人就是这样两次送作者烤山薯，我们真切的感受到他的慈祥、善良和艰辛。看到这样的老人，作者心中久久不能平静，所以几十年后，她会这样饱含深情地说——（师示意学生读屏幕上的文字：每回闻到巷子里飘来烤山薯的香味，我就会想起几十年前家乡那位卖烤山薯的老人；想起他一双黑漆漆的手，和手心里两枚亮晶晶的铜钱；想起他满脸的风霜、谦卑的笑容和佝偻的背影。他没有接受我的铜钱，却接纳了我的心意，使我永远感到温暖在心中。)

在悠扬而略带伤感的乐曲声中，学生声情并茂地齐读，读书声里充盈着作者对老人的怀念之情。孩子们有些泪光闪烁，听课老师中有的红了眼圈。

师（指板书小结）：这是一位天真、可爱的孩子，她有一颗善良的心；这是一位面目沧桑、艰辛的老人，他同样拥有一颗善良的心。但这两位善良的人走在一起时，他们之间演绎一段打动人心的故事（师用红色粉笔画一颗心包围"温暖"一词）。让我们再深深地呼唤故事的名字吧！（生深情地齐读课题）

师：毽子里的两枚铜钱仅仅是两枚普通的铜钱吗？

生：不是的。

师：它还包含着什么？

生：它包含着人与人之间的相互理解，相互体谅，还包含着人间的真情。

师：故事读到这儿就要与大家说再见。如今，毽子里的两枚铜钱或许已经不再，烤山薯的余温也早已消失了，但文中人物对金钱不同的态度却永远留在我们心中，使我们更加珍惜人间的真情。这种真情在琦君的其她作品也能体会到（相机出示：《故乡的桂花雨》、《灯景旧情怀》、《琦君话童年》）大家课余时间去找出来读读。

评析：如果说，一节课是教师与学生进行的双边活动的一座桥梁的话，那么教师对学生课后的教学启迪则是这座桥梁的基石，抓住课终时机，使学生的情感得到进一步的升华。通过前面的学习，孩子们的情感早已和文本之情融为一体，为了进一步升华对"温暖"一词的认识，老师相机出示琦君对老人真切怀念的话语，在悠悠的《心语心愿》一曲中，孩子们声情并茂地朗读了琦君的话，此时，早已有很多孩子眼里浸满泪水。

《和时间赛跑》

曹学琴

【课文】

读小学的时候，我的外祖母去世了。外祖母生前最疼爱我。我无法排除自己的忧伤，每天在学校的操场上一圈一圈地跑着，跑得累倒在地上，扑在草坪上痛哭。

那哀痛的日子持续了很久，爸爸妈妈也不知道如何安慰我。他们知道与其欺骗我说外祖母睡着了，还不如对我说实话：外祖母永远不会回来了。

"什么是永远不会回来了呢？"我问。

"所有时间里的事物，都永远不会回来了。你的昨天过去了，它就永远变成昨天，你再也不能回到昨天了。爸爸以前和你一样小，现在再也不能回到你这么小的童年了。有一天你会长大，你也会像外祖母一样老，有一天你度过了你的所有时间，也会像外祖母一样永远不能回来了。"爸爸说。

爸爸等于给我说了一个谜，这个谜比"一寸光阴一寸金，寸金难买寸光阴"还让我感到可怕，比"光阴似箭，日月如梭"更让我有一种说不出的滋味。

以后，我每天放学回家，在庭院里看着太阳一寸一寸地沉进了山头，就知道一天真的过完了。虽然明天还会有新的太阳，但永远不会有今天的太阳了。我看到鸟儿飞到天空，它们飞得多快呀。明天它们再飞过同样的路线，也永远不是今天了。

时间过得飞快，使我的小心眼里不只是着急，还有悲伤。有一天我放学回家，看到太阳快落山了，就下决心说："我要比太阳更快地回家。"我狂奔回去，站在庭院里喘气的时候，看到太阳还露着半边脸，我高兴地跳起来。那一天我跑赢了太阳。以后我常做这样的游戏，有时和太阳赛跑，有时和西北风比赛，有时一个暑假的作业，我十天就做完了。那时我三年级，常把哥哥五年级的作业拿来做。

后来的二十年里，我因此受益不浅。虽然我知道人永远跑不过时间，但是人可以在自己拥有的时间里快跑几步。尽管那几步很小很小，作用却很大很大。

如果将来我有什么要教给我的孩子，我会告诉他：假若你一直和时间赛跑，你就可以成功。

一、课前思考

《和时间赛跑》是一篇惜时题材的文章。根据文章内容，行课的重点肯定落在让学生真切地感受时间的一去不复返，养成珍惜时间、合理利用时间的好习惯，同时对于珍爱生命有更深的理解上。当然，这些是在品读语言、玩味语言的过程中获得。

时间概念比较抽象，小学生的时间观念比较模糊。如果让学生讲"你们从哪里看出时间很宝贵？""我们为什么要珍惜时间？"学生讲出来的大道理一定很多，关于时间的格言警句那么多，一抓一大把。但可以肯定的是，学生一定是动口不动心的夸夸其谈，他的情感一定没有真正的触动。教学最难的，还是在"动情"上啊！情感是一点一点"润"出来的。这篇文章当初最打动人的是哪儿呢？笔者再次把自己"沉"进文字中。这是台湾著名作家林清玄写的一篇散文，文字清新自然，内涵丰富，是我喜欢的风格。文章以"我"因外祖母去世而忧伤不已为情感的起点，历经爸爸一席话对"我"的启示，"我"从太阳落山、鸟儿飞行中获得感悟，最终落点在"要和时间赛跑"。以"我"对时间的切身体会表达惜时话题，很容易让人接受。

对了，引领学生走进作者的心路历程中，去感作者之所感，应该是教学的着力点。教材的情趣点，可以确定在两处。一处是文章第一自然段描述自己失去外祖母时"大声痛哭，跑了一圈又一圈"的哀痛。另一处是对爸爸所说的"所有时间里的事物，都永远不会回来了"的恐惧。第一个情趣点并不是文章重点，因此它的处理应该费时不多，但一定要起到引发情绪的作用，要让学生感受到作者对亲人逝去的无能为力，为下文作者感受对时间逝去的无能为力打下情绪铺垫。

对于两处情趣点，主要采用"生活链接""角色体验"和"图画式"三种处理方式，引领学生在与语言文字的亲密接触中去经历和感受"所有时间里的事物，都永远不会回来了"，"假如你一直和时间赛跑，你就可以成功"等场景中人物的内心世界，从而让学生沉浸在文本的情感世界里，让独特的情思与语言同构共生。

二、教学实录

（一）抓住"哀痛"，奠定朗读的基调

开课伊始，老师告诉学生林清玄的散文是一杯甘美的山泉，必须慢慢地，细细地用心去品味，其中的甘美才会由心而生，回味无穷。接着，老师让学生自己用心品读第1自然段，把孩子引进作者失去外祖母的悲痛中。

师：我们来用心品品课文第1自然段，你品出了什么味？

生：我品味到了作者的悲伤、哀痛。我是从"大声痛哭，跑了一圈又一圈"体会到的。

师：你能把你品味到的忧伤表现出来吗？（生读得有一些伤感，这种伤感的气氛影响了老师和学生）

师：（略带伤感地）像他这样带着自己的感受去读，用心灵去感受作者的悲伤和哀痛，一齐读一读。

评析：亲人的逝去是所有人切身的哀痛，文中"我"对外祖母逝去的哀痛很容易引起学生同感。作为情趣点，这个部分并不是教学重点，但它是一个引子，是为了通过让学生体会到作者爱外祖母的真，思外祖母的深，对外祖母离开的悲伤，为下文感受时间流逝的无奈奠定学生情感发展的基调，朗读的基调。从而带动学生很快地走进文本，走进作者的内心世界，用心灵去感受，用心灵去朗读。

（二）反复品味爸爸的话，体会时间流逝的无情

师：爸爸的话对作者有什么触动呢？（大屏幕出示爸爸的话："所有时间里的事物，都永远不会回来了。你的昨天过去了，它就永远变成昨天，你再也不能回到昨天了。爸爸以前和你一样小，现在再也不能回到你这么小的童年了。有一天你会长大，你也会像外祖母一样老，有一天你度过了你的所有时间，也会像外祖母一样永远不能回来了。"）

生：可怕，说不出的滋味。

师：（故作不明白）爸爸的话为什么会带给作者可怕和说不出的滋味呢？让我们再来读读爸爸的话。爸爸的话里告诉"我"哪些时间里的事物永远不会回来呢？（学生纷纷说，有昨天里的事情，有爸爸的童年等等，当学生说到下面三个"点"时重点玩味）

·昨天·

生："你的昨天过去了，它就永远变成昨天，你不能再回到昨天。"

师：这句话告诉我们什么？

生：这句话告诉我们时间带走了我们的昨天，就再也不会回来了。比如，昨天我和同学一起玩耍的事已经过去了，就再也不会回来了。

师：所以说——（手指"所有时间里的事物，都永远不会回来"示意学生一齐读）

生：（带着几分无奈读）所有时间里的事物，都永远不会回来。

·童年·

师："爸爸以前也和你一样小，现在也不能回到你这么小的童年了。"这句话告诉我们什么？

生：这句告诉我们时间带走爸爸的童年。

师：带走爸爸的童年，会不会带走我们的童年？对于天真无邪的童年，你们是最有亲身感受的，说说你的想法。

生：也会带走我们的童年。时间流逝带走的不仅仅是时间，还有在时间里的很多美好、宝贵的东西。（有一些遗憾）比如我读幼儿园的快乐时光再也不会回来了。

师：（长叹一声）唉，是啊！曹老师、你们的爸爸妈妈也和你们一样曾有过无忧无虑的童年时光，但是现在我们已经步入了中年，想回到你们一样的童年，行吗？多可惜，多无奈啊！所以说——（手指"所有时间里的事物，都永远不会回来"示意学生一齐读）

生：（入情地读）所有时间里的事物，都永远不会回来。

·你的青春·你的生命·

生："有一天你会长大，你会像外祖母一样老。"这是说时间带走了我们的青春。

师："有一天你度过了你的时间，就永远不会回来了。"这是说时间带走了我们的——（生齐：生命！）是啊，在时间里我们都会老，都会慢慢地失去生命。所以说——（手指"所有时间里的事物，都永远不会回来"示意学生一齐读）

师：（激动地、无奈地）时间真的很无情啊！带走了疼爱作者的外祖母，带走了爸爸的童年，也带走了我们的昨天，终有一天，正如刚才所说，它也会带走作者！带走我，带走你，带走我们每一个人！所以，爸爸说——（手指"所有时间里的事物，都永远不会回来"示意学生一齐读）

生：（深有感触地读）所有时间里的事物，都永远不会回来。

评析：引导学生运用"生活链接"和"角色体验"两种方式一层一层地体会爸爸的话，因为生活是有形，有情，有境，是学习语文的不竭之源。学生通过联系生活，感受时间会带走"昨天、童年、青春和生命"感受时间的一去不复返，时间的可贵、时间的无情……，又让学生一次一次地把体会到的"送进去"，反复品读"所有时间里的事物，都永远不会回来"。这样把朗读和感悟有机地结合起来，这就是有感悟地朗读，从文字的里面抠出情感来读，这才是真正的读书。

第四篇「小学语文情趣课堂」课例

师：爸爸的话给了我们强烈的触动，真是意味深长。

师：所以作者说，爸爸的话，比——（出示短句用手势示意学生读"一寸光阴一寸金，寸金难买寸光阴"）还让"我"感到可怕，比——（出示短句用手势示意学生读"光阴似箭，日月如梭"）更让"我"有一种说不出的滋味。

师："一寸光阴一寸金，寸金难买寸光阴"，这则谚语在告诉我们什么？

生：这则谚语在告诉我们时间比黄金还宝贵。

师："光阴似箭，日月如梭"又告诉我们什么？

生：告诉我们时间过得很快，一去不复返。

师：（入情地说）时间是多么宝贵，时间又是过得多么快呀！它带走了昨天，带走了童年，带走了生命，多么让人着急、可怕、悲痛和无奈呀！所以爸爸说——（大屏幕出示爸爸的话示意学生读："所有时间里的事物，都永远不会回来了。你的昨天过去了，它就永远变成昨天，你再也不能回到昨天了。爸爸以前和你一样小，现在再也不能回到你这么小的童年了。有一天你会长大，你也会像外祖母一样老，有一天你度过了你的所有时间，也会像外祖母一样永远不能回来了。"）

生伴着音乐入情地读书，随后师引读第 6、7 自然段。

评析：真挚的语言，低沉舒缓的音乐，深深地打动了学生和听课老师的心。有的学生眼圈红了，有的在不住揉眼睛。学生感受到了时间的一去不复返，他们也可能会想到自己蹒跚学步的憨态，想到在幼儿园时的嬉戏，再也回不去了。带着这样的体验，学生读课文时，感受就大不同了。学生在读书，体验，交流中感到了时间的宝贵，这样真切的体验更能激发学生像课文中的"我"一样去珍惜宝贵的时间。老师，学生，听课者都受到了感染，受到陶冶，这不就是生命的运动吗？这不就是语文人文性的体现吗？

（三）跳出文本，了解时间不仅仅是无情

师：读到这儿，我们感受到这段时间带给作者的是忧伤，是可怕，是说不出的滋味。那么时间是不是每时每刻都会带给我们伤痛和可怕呢？在不同时刻，时间又会带给我们什么感受呢？（老师出示补充材料：

1. 当我手捧大红奖状时，心里有什么感受呢？

2. 阳光明媚的春日里，一家人外出游玩，时间带给我们一家人的是什么呢？

3. 在欢呼申奥成功的时刻，时间带给中国人的又是什么呢？）

学生读补充材料，联系实际，交流感受：

生：（高兴）当我们手捧大红奖状时，心里很高兴。

生：当我们外出游玩时，时间会带给我们快乐。

生（自豪）：在欢呼申奥成功的时刻，时间会带给我们中国人幸福、自豪。

师：看来，时间是很公平公正的，有时给我们带来悲伤，有时会给我们带来快乐、兴奋、幸福和自豪。

评析：此环节跳出文本，让学生通过联系生活实际，联系补充材料，体会到时间还会带给我们的快乐、幸福、温馨、自豪与骄傲……从而建构时间带给我们的多元感受，感受时间的公平公正和可贵。这样的处理既尊重了教材，又超越了教材，拓宽了学生学习的资源，比较巧妙地处理好了"走进文本"和"走出文本"的关系。

（四）再进文本，明晰关键在于对于时间的把握

师：时间对于每个人来说是公平的，关键在怎么把握时间，我们看看，作者是怎样把握时间，怎样和时间赛跑的？你从中领悟到了什么？请大家用3分钟的时间自由地读8—10自然段，勾画出相关的句子，读一读。

生默读，勾画，师巡视。交流：

生：作者和太阳、西北风赛跑。

生：他抓紧时间做作业，他提前做作业。

师：（快乐）让我们想象作者和太阳、西北风赛跑的快乐表情、动

作，用朗读表现出来。（生读8—10自然段）

师（轻轻地摇了摇头）：跑赢了太阳、西北风，作者很快乐，读的时候节奏稍微快一点就更能突出作者这种愉快、兴奋的心情了。再读一读这三个自然段。

生充满感情地快乐地读。

评析：此时，老师和学生的情感已经从失去外祖母悲伤中，从"所有时间里的事物，都永远不会回来"的伤感中走了出来，感受到和时间赛跑所带来的快乐，并引导学生运用"图画式"把文字想象成图画，再用语言、表情表达出来。此时的课堂情感氛围是明快的、激奋的，和开课时伤感形成较为鲜明的对比，使课堂跌宕起伏。

师：由于作者在童年养成了和时间赛跑的习惯，在后来的几十年里，使他受益不浅。"受益不浅"什么意思？联系课文和资料，你知道作者林清玄受到了哪些益处？

生：受益不浅就是受到了很多好处，文中说作者感受到了和时间赛跑的好处。

生：作者正因为从小懂得了怎样珍惜时间，并一直保持这个好习惯，他才能成为一个著名的作家，才会写出那么多好作品。

师出示林清玄的资料，生阅读，再次感受林清玄的成就。

评析：通过让学生课前收集林清玄的相关资料，再用资料组织语言，上课时进行交流补充，学生对林清玄留下深刻的印象，课后一定会去找林清玄的作品来读。老师正是充分发掘了这个"点"的作用，以点带面，起到了"四两拨千斤"的作用。

师：作者从和时间赛跑中，领悟到什么？

生：我知道人永远跑不过时间，但是人可以在自己拥有的时间里快跑几步。尽管那几步很小很小，作用却很大很大。这就告诉我们必须在有限的时间里抓紧时间，合理安排时间，努力学习。

生：假如你一直和时间比赛，你就可以成功！

师：对，虽然我们跑不过时间，拥有的时间是有限的，但是只要我们抓紧时间，珍惜时间，合理安排时间，多做一些有意义的事，就会获得许多的益处。带着感受读——（手指示意学生一齐读"我知道人永远跑不过时间，但是人可以在自己拥有的时间里快跑几步。尽管那几步很小很小，作用却很大很大。"）

师：这里的人可以指哪些人呢？比如说你们，和时间赛跑，有什么好处呢？对于一个医生、教师又会有什么好处呢？

生1：我们抓紧时间，就可以多学很多知识。

生2：我们抓紧时间学习，节约的时间还可以多锻炼身体，让身体更健康。

生3：医生抓紧时间，就会减轻病人的痛苦，挽救病人的生命。

生4：教师抓紧时间，就可以让我们多学知识，就可以让我们学得有效，玩得快乐。

评析：抓住珍惜时间带来的好处，让孩子们从林清玄的成长经历中受到启发，再联系自己和自己身边的一些人，直观地感受到珍惜时间带来的好处，从内心里激起珍惜时间的迫切希望，从而逐渐变成一种自觉的行动。

（五）拓展升华，在对心灵的叩击中强化"惜时"

师：所以作者要把这句话告诉给他的孩子们，出示句子："假若你一直和时间赛跑，你就可以成功。"

生：齐读这句话。

师：也要告诉在座的同学、老师——（示意学生读"假若你们一直和时间赛跑，你们就可以成功。"）

生：（大声）再次齐读这句话。

师：把这句话送给我们所有人吧！——（示意学生读"假若我们一直和时间赛跑，我们就可以成功。"）

（生动情地朗诵）

师：这是作者对时间的认识。那么，同学们，你们对时间有什么认识呢？请你拿起笔，写一写对时间的感受吧！，

（生写关于时间的感受，并展示交流，评价。）

评析：阅读是吸收，写作是表达。在反复读文中，孩子们与作者的心灵一次次碰撞和对接后，必定对生活有了新的感悟和启发，必定会有很多心里话。抓住这一契机，激发孩子们把这些心里话"倾诉"出来。在一遍遍的修正中，孩子们的文字表达意识和能力得到了提升，在一遍遍的诵读中，孩子们的惜时观念得到了强化。学生经历了对时间、对人生的思考，思想闪耀出绚丽的火花。那些透着思考的精彩语言，显示着学生生命在课堂的成长。

《我想》

王莹菊

【课文】

我想把小手
安在桃树枝上。
带着一串花苞，
随着风儿悠荡，
悠啊，悠——
悠出布谷鸟的声声歌唱。

我想把脚丫（yā）
接在柳树根上。
伸进湿软的土地，
汲（jí）取甜美的营养，
长啊，长——
长成一座绿色的篷帐。

我想把眼睛

装在风筝上。

看白云多柔软，

瞧太阳多明亮，

望啊，望——

蓝天是我的课堂。

我想把我自己

种在春天的土地上。

变小草，绿得生辉，

变小花，开得漂亮。

成为柳絮和蒲公英，

更是我最大的愿望。

我会飞啊，飞——

飞到遥远的地方。

不过，飞向遥远的地方，

要和爸爸妈妈商量商量……

一、课前思考

儿童诗内容生动，想象丰富，情感充沛，文字优美，趣味浓郁，有着特有的、奇妙的诗境。"过多的分析"会破坏儿童诗整体的意境，将会让孩子对诗歌的感受、想象，体验和理解变得支离破碎，使诗歌的美感顿失。因此其教学应从整体入手，注重整体感悟，以读为整个教学活动的原点，引领"听""说""写"等言语活动。让孩子们在想象中诵读，在诵读中想象；在对话中诵读，在诵读中对话；在品味中诵读，在诵读中品味。以诵读营造出课堂的盎然情趣，让课堂诗意飞扬。

《我想》是一首极富情趣的儿童诗：在浪漫的春天，幻想自己变成在风中摇曳的桃花，湿软土地上的垂柳，空中飘荡的风筝，自然界中的小花小草……全诗充满着想象的情趣。如何确定这一课的情趣点呢？

随着目光在全诗的挪移，笔者心里慢慢地品评着，玩味着，也掂量着：全诗5个小节，前三个小节结构相同，句式相仿。情趣点的确定是为了教学目标的达成，本课教学目标中重要的一点应该是让学生积淀感悟儿童诗的诵读方法。因此本课情趣点应该能够"授之以渔"，给予学生诵读儿童诗一个方向导引。于是笔者确定以第一小节为情趣点带动全诗感情朗读。处理情趣点方式拟采用图画式。

二、教学实录

（一）正确、流利，铺垫好感情朗读的"基石"

师：今天我们学一首富有童趣的儿童诗，题目叫什么？（生齐"我想"，师板书课题）这个想字下面的心字要正对上面的相。一齐读读课题。

师：课文都读过了吗？（生：读过）生字也会认了（生：会认了）

师：（满意地）老师来听听你们读课文。

教师抽4个学生轮流将4个小节读完，随机将学生读错的"苞"等字进行正音，对学生读书中出现的"语断"现象，教师用范读进行纠正。

师：刚才我们几个小朋友将课文读通顺了，全班小朋友把课文齐读一遍。（生齐读课文）

评析："正确、流利"是感情朗读的基础和条件，只有正确、流利地读通课文，才能有感情地朗读课文。诗歌的文字高度凝练，用词讲究，可谓字字珠玑。如本文第一小节幻想自己把手儿安在桃树枝上，第二小节幻想自己把脚丫接在柳树根上，同为连接的意思，却分别用了"安"和"接"。鉴于此，本诗歌"正确"的标准是不读错一字，是"一字未宜忽"，即读诗时各小节的用词不能互相混淆（这是根据诗歌的句式相仿，学生容易读混淆提出的）。流利的标准是能快速读完诗歌，不出现"语断"的现象。所以教师要在学生这个基础上指导学生有感情地朗读。没有这个基础，有感情朗读就是空谈。

（二）以第一小节为例，让感情朗读有"法"可依

师：刚才大家把课文读正确了（板书：正确），读流利了（板书：流利）。现在老师要提一个更高的要求，（加重语气，放慢语速）把课文读得有感情（板书：有感情），只要我们把课文读得有感情了，就说明我们把课文都读懂了，都理解了，而且学得非常好了。怎么才能读得有感情呢，我们可以采用想象的方法，想象诗歌描绘出的画面，像过电影一样，把文字想象成画面。比如第一小节，现在我们就采用这种方法去读一读。

（学生自读，看学生读得差不多了，开始抽学生读 1 小节）

师：（在悠荡下画上符号）刚才我们听你读"悠荡"这个词，读得特别好，你读到这个词的时候，好像看到了什么？

生：我好像看到桃花在轻轻地飘，所以我们要把它读得很轻。

生：我看到桃花在很悠闲地摆动。

生：我看到桃花在慢悠悠地荡。

生：它是轻飘飘的。

师：把这个词读一读（生读，不够轻柔）。

师：想想桃花是怎么样的悠荡，再读。（语气轻柔，读出了一种悠闲感）

师：（指"悠啊，悠——/悠出布谷鸟的声声歌唱"一句中破折号）刚才我听大家读，把这儿拉长了一点儿，你怎么体会这个标点的？联系这句话看看。

生：这儿应该读得拉长一点。

师：这个标点叫破折号，小朋友们都知道这儿要拉长，为什么呢？

生：因为它悠很远。

生："悠啊悠"，它是缓慢的。

生：有很多桃花，它悠到这边又悠到那边，所以要打"——"，读的时候也要拉长一点。

师：真会体会，一齐读。（生齐读）

师：我们读书，不仅要读出文字，还要读出标点符号。再来试一试。生齐读。

师：听过布谷鸟的叫声吗？叫一叫！（学生学布谷鸟叫，满教室"布谷""布谷"，课堂气氛热闹。）

师：布谷鸟也叫杜鹃鸟，每年春天结束夏天刚开始的时候，它会昼夜不停地叫"布谷——布谷"，好像在提醒人们种谷子了，所以农人们都把它当作是自己的朋友，非常喜欢它，我们再来读读这句诗，读出人们的喜爱。（生读"悠啊，悠——/悠出布谷鸟的声声歌唱"）把这一小节连起来读一读。（生读第一小节）读了第一小节，你的头脑里浮现了什么画面？

生：我仿佛看到春天来了，桃花绽开了美丽的笑脸，一个小朋友把小手安在桃树枝上，小手上也开满了桃花，多有趣啊！

生：暖暖的春风吹过来，桃花在风中轻轻地颤动。

生：我还仿佛看到布谷鸟飞来了，因为这桃花太美了！

师：小朋友想得多奇妙啊，让我们想着这样的画面，把自己的感受尽情地读出来。（生美美地齐读）

评析：要引导学生顺利地感觉诗歌的意蕴和内涵，离不开对文章的必要品悟。通过词义的品悟，丰富学生词汇，感受作品的用词之美；通过句子的品悟，丰富学生语言，帮助儿童理解和感觉诗中所运用的各种修辞手法的艺术美；通过标点的品悟，丰富学生对表达形式的感知，让学生体会小小标点的重要作用。但是，如果所采取的品悟方式不恰当（如担心学生这个不理解那个不明白，过多地使用解释，或是采用直接讲解的方式），将会损害学生对诗歌的整体欣赏，挤掉诗歌教学活动中最有价值的东西（对美的感受），变成一种纯粹的缺失了人文内涵的语言活动，是不可取的。所以，采用什么方式引导学生去感受体会是一个非常值得重视的问题。教学中，老师采用与学生无痕对话的形式让学生在读中悟，悟中读，读悟中张扬学生个性，飞扬无限情趣。如对"带着一串花苞，随着风儿悠荡"中"悠荡"一词的品味，学生读出个性的感受后，老师适时激励："悠荡这个词你读得真好，你为什么要读得这么轻柔呢？""因为悠荡是轻轻的，很悠闲地摆动的意思。"学生的回答不正是对悠荡的绝好解释吗？老师再次激励："你真会体会，让我们大家都来像他这样读一读。"学生此时的朗读可真正是韵味十足。又如对"悠啊，悠——/悠出布谷鸟的声声歌唱"中破折号的品悟，在学生感悟朗读的基础上，教师随机插问："这儿的破折号，你是怎么体会的？联系这句话看看。"学生结合具体的语境不难看出，这里是指悠荡这个动作的不断延续，再次朗读时学生自然就将"悠——"拉长朗读，表现出悠荡的韵味。

（三）着力"想象"，让感情朗读之"法"强化

师：刚才我们在读第一小节的时候，用心去感悟文字，用心去品味文字，把我们的感受把我们的想象读出来，这样，就读得有感情了。现在我们就用这样的办法去品读第二小节。（生自由练习读第二小节）

师：你们在读这一段时候，头脑里浮现了什么画面？

生：我家门前有一棵大树，小雨下下来，柳树长出了新叶子。

生：柳树像绿色的篷帐，夏天可以给人们遮阴。

生：我们在大树下玩耍。

师：请小朋友们带着自己美好的想象读读第二小节。（生齐读第二小节）

师：读得多有感情啊！我们用学到的方法，通过自己的练习，就把第二小节读得有感情了。第三小节老师相信你们会读得更好。先自己练一练第三小节。（学生连读）

师：请女孩子读，男生想画面。（女生读第三小节，男生闭目想画面，完后老师请几个男生说）

生：我把眼睛放在风筝上，风把风筝吹起来，就可以看到太阳和白云了。

生：看到了月亮和星星。

师：刚才说的都是天空的，还可以看地面啊。

生：我还看到了一个小朋友在课堂上上课，我把眼睛装在风筝上，我还看到了我们祖国的大地。

师：多美妙的想象啊！你看刚才男孩子美妙的想象是我们女孩子带给他们的。现在我们男生来读，女生把眼睛闭上，你们来享受享受。（男生读第三小节，女生闭目想画面）最后，我们全班一齐把这个小节读一读。

师：有一个问题老师不明白，诗里说"蓝天是我的课堂"，课堂不是在这儿吗（老师用手指教室），为什么说蓝天是我们的课堂呢？

生：我在蓝天上看到了许多有趣的东西，增长了知识。

生：晚上的时候，有许多星星北斗星星和银河，那我们就可以学到许多的星座。

师：（作恍然大悟状）哦，我明白了，课堂是学知识的，蓝天上也可以学到知识。

师："我"还有哪些美好的愿望呢？请小朋友们读第四小节。（生自读）来说说？

生：变小草，绿得生辉，变小花，开得漂亮。

师：（指板书中的"变桃花"）开头说的是变桃花，这儿说变小草，可不可以换一种说法？（生说"当小草"师板书"当小草"）真会找词！"我"还有愿望是什么呢？（生：成为蒲公英和柳絮）？我们一齐把这个自然段读一读。（齐读4小节）

师：诗句里说"飞到遥远的地方"，这遥远的地方会有哪些？

生：飞到有彩虹的地方。

生：飞到彩虹上。

师：去看看彩虹，还有没有？还可以飞远点！（学生举手踊跃）

生：飞到星球上。

师：这是上天，我们还可以到陆地的其他地方……

生：飞到世界各地。

生：山上。

小学语文情趣课堂的研究 ▼

生：美国、北京。

师：对呀！凡是我们想去的地方都可以去。不过，飞到遥远的地方，要怎么做呢？一齐读最后一个小节。（生齐读）

师："要和爸爸妈妈商量商量"，和爸爸妈妈商量什么呢？现在我是妈妈了，你跟我商量什么？

生：妈妈，我想飞到美国去，坐哪架飞机呀，我想知道。

师：孩子，我们一起去问问好吗？

生：妈妈，我想跟你商量一下，我想到日本去玩一玩，听说那里有许多好玩的地方。

师：你见识还真丰富！乖孩子啊！你去吧，妈妈支持你。（对全班学生）刚才这孩子多会说话啊，她说，"妈妈，我跟你商量一下"，多会说话呀！

生：妈妈，我们飞到未来去，看看未来的世界好吗？

评析： 儿童的想象力是丰富多彩的，常常超出成人的意料，他们是天生的"想象家"。朗读诗歌时引导学生展开想象，在头脑里浮现一幅一幅美妙的画面，再将这些画面用朗读呈现，朗读自然就有感情了。对文中难点句"蓝天是我的课堂"的理解，老师创景引导"我们的课堂不是在教室里吗？怎么跑到蓝天上去了？"学生联系诗句积极为教师解疑，老师"恍然大悟"，顺势激励"小朋友们的想象真是丰富，带着你的感受把课文读出感情来"。问题是学生自己解答的，感受是学生自己的，此时学生的朗读激情是可想而知的。

（四）让诗情迸发

师：好呀！现在我们又回到书上，把这首儿歌连起来读一读。（生齐读全文，读得有滋有味）

师：（指着板书进行全篇总结）这一首小诗写了"我"有许多美好的愿望："我"想在春天变桃花，悠来布谷鸟；想变成柳树，长成篷帐为人们遮阳；想成为长着眼睛的风筝，飞到太空上去看世界多么美妙；"我"还想成为小花小草装点自然界，成为蒲公英和柳絮飞到遥远的地方。你们看，作者的想象是多么的美妙，多么的美好（板书：美好）！小朋友们一定还有许多美好的愿望，想一想，你们有什么愿望呢？

生：我想变成小鸟，飞到蓝天上去看白云、太阳、月亮、星星，还有许多星座，很美妙。

师：你是一个热爱宇宙的孩子。

生：我想变成太阳给人们带来温暖。

师：这是一个无私奉献的孩子，带给别人光亮，燃烧自己。我们把刚才这些想的写下来，就成了诗歌，想一想，可以怎么说呢？我们可以用书上的句式。

教师请学生仿造小黑板提示的句式进行诗歌创作，句式如下：

我想

_____

_____

_____。

_____哇，

_____。

生1：我想长出翅膀，飞到月球，看星星，看月亮，看啊看啊，我们的星球多么美妙。

师：哎呀，你是小诗人了，这样吧，老师把你刚才作的诗写下来。（师将学生刚才说的内容写下来，如下：

我想长出翅膀，

飞上月球

看星星多么明亮。

看哇，

我们的星球多么美妙。）

生2：我想长上翅膀，飞上太空，瞧月亮多么像小船。（师：可以把顺序调一下，看月亮像小船一样，）看哇——我们的星球多么明亮，（师：哎，可以换成"我们的天空多么宽广"）。

师将学生刚才说的内容写下来，如下：

我想长上翅膀

飞上太空，

瞧月亮像小船一样

看哇，

我们的天空多么宽广。

师：（赞赏地）看这些小诗人多么不错啊，现在我们一起来读一读，一起来欣赏欣赏！（学生饶有趣味地齐读，两个写出诗的学生满脸自豪，读完后又有学生举手要求作诗）

师：还有人想作诗？这样吧，今天你们回家以后，自己写一首小诗，然后全班可以找个时间来交流交流，好不好？

生：（声音洪亮）好！

《丁丁冬冬学识字之"宀、穴"部》

彭艳艳

一、课前思考

这是北师大版小学语文二年级上册《丁丁冬冬学识字》的内容，这部分内容属于集中识字。一般说来，集中识字是很容易枯燥的。如何让枯燥的集中识字教学变得生动活泼、充满情趣？如何去找这个情趣点呢？

教材按照"图→新部首→新学例字（在词语中）"的顺序编排。部首配有小图，形象地说明了部首的本义，如"宀"本义是房屋，也指状如屋顶的篷盖设施；"穴"本义指洞穴。每组部首的第一个词语与部首本义关系紧密，很好地体现了汉字形、音、义结合的特点。例字按照由近及远的顺序排列，先是本义，再是派生义、引申义。

教材中汉字的形、音、义结合紧密，具有丰富的拓展想象的空间。因此，笔者将之确定为本次教学的情趣点，采用"童话式"的处理方式，在学生对汉字表意功能有一定的认识的情况下，创设童话场景，用"听汉字说话"这样一种学生容易理解的说法，指导学生借助字的部首了解字义，识记字形，引导学生感受汉字文化，激发学生学习汉字的兴趣，进一步提高学生自主识字的能力。

笔者作了这样的设想：复习中，引导学生感知一年级上册学过的几个大篆体字"日水山田目"，会意字"众、森"，形声字"蚱蜢、清澈"，体会汉字源远流长，从古至今都会说话。认识新部首"宀""穴"，在听新部首说话的过程中感知其表示的意思。记忆字形时听汉字说话，感受古人造字的奇妙。写字时听汉字说话，感受汉字笔画组合中包含的文化。最后，引导学生运用对汉字文化的理解帮助学生识字并与查字典结合，把课堂习得的方法延伸到课外。

二、教学实录

（一）复习古字：汉字会说话

师：读一年级的时候我们就知道，我们的祖先是用画画的方式来写字的。今天，我给大家带来了几个古人写的字，看看，你们认识吗？出示大篆体汉字："日水山田目"（指名认）。

师：刚才这些古汉字，就算你不认识，你都能猜出它的意思，为什么？

生：因为它像一幅画。

师：是的，刚才的每一个汉字都是一幅画。

师：大家再来看这么几个词语。（出示："森林、众人、蚱蜢、清澈"）看到"森林"这个词语的样子，你知道什么？

生：这个词语全是"木"字组成的，表示这儿的树很多。

师：看到"众人"呢？

生：人很多。

师：看到"蚱蜢"，你知道这是一种——

生：虫子。

师：看到"清澈"你应该知道这和什么有关。

生：和水有关系。

师：刚才这些字虽然经过了几千年的变化，但它们仍然用样子告诉了我们它的意思。所以，我们说汉字是一种会说话的文字。会思考的孩子，是能听懂汉字说话的哦！

评析：教师利用学生在一年级上册感知过的几个古汉字"日水山田目"和会意字"众、森"，形声字"蚱蜢、清澈"，引导学生体会汉字源远流长，从古至今都会说话，唤起学生对汉字文化的认知，激发探究的兴趣。

（二）学习部首和生字：部首生字在说话

1. 引导倾听"宀"部及相关字词说话。

师（出示草屋图及篆字"宀"指导学生观察）：你看懂了什么？

生：古时候的人用"宀"字表示房屋。

师：古人看到房屋的样子，就画下了"宀"，（师写"宀"），你能看出哪儿是墙壁，哪儿是屋顶吗？

生：上面是屋顶，旁边是墙壁。

师：这个字经过几千年的变化，变成了现在的样子，（师写"宀"，）但它仍然会说话，它告诉我们房顶在哪儿？

生：上面的点是房顶。

师："宀"现在一般用来作部首，大家都认识，叫——

生：宝盖头。

师：那么大家想一想，如果"宀"在一个字中，说明什么呢？

生：这个字的意思和房屋有关系。

师：究竟是不是这样呢？我们来看看。

生在教师指导下自读语文书第17页的词语，和同桌一起找出生字，注上音，并想办法记住它。师出示词语"教室""宿舍""安宁""火灾"等，让学生一起读。

师：看看哪些字带有宝盖。

生：室、宿、安宁、灾。

师：（在多媒体课件上将这些字用红色显示出来）刚才我们猜宝盖头的字表示的意思和房屋有关，那么这几个字是不是和房屋有关呢？它们在悄悄地对我们说话，仔细听一听，你听懂了什么？

生：教室是我们上课用的房屋，所以，教室的室是"宀"。

师：我们现在就正在教室里，用来教学的房子叫"教室"，那用来画画的房子叫什么？

生："画室"。（师根据学生回答，用多媒体课件出示词语，下同。）

师：用来存放图书的房子叫——

生："图书室"。

师：用来展览的房子叫——

生："展览室"。

师：房子内我们就叫——

生："室内"。

师：房子外，我们就叫——

生："室外"。

师：看来"室"的意思还真和房子关系密切。

师：我们再来看看另外几个词语（出示词语"宿舍"），听听，"宿舍"这个词在告诉我们什么？（神秘地提示）它在悄悄说，"我"的意思是——

生：我们住读生晚上睡觉的地方就叫宿舍。

师：是你家里睡觉的房间吗？

生：不是，宿舍住的人比较多。

师：家里睡觉的房间叫"卧室"，公共的，很多人睡觉的房子才叫宿舍。

生：宿舍和房子有关系。

师：（出示词语"安宁"）它又在说什么呢？

生：有房子住，才安宁。

生：安宁意思和房子有关，家里有女人才安全。

师：有房子住，家里有奶奶、妈妈这样的女人我们的生活才会安宁。

师：（出示火灾）看"灾"字，它在说什么？

生：上面是房子，下面火在烧，房子着火了。

师：哦，这当然是灾难啊，看看我们的丁丁冬冬是怎么来记住这个"灾"字的。

生读金钥匙中丁丁冬冬的识字方法。

师：你记住"灾"了吗？经过几千年的变化，不光是房子被火烧是灾难了，其他一些危害我们也把它当作灾难。能用"灾"组词吗？

生：灾难、灾害、水灾……

师：通过刚才这几个词的学习你发现什么？

生：宝盖头的字意思和房屋有关。

师：别的"宀"部的字意思是不是也和房屋有关系呢？我们再来看看以前学过的几个字。出示词语：故宫、家乡、宝贝、客人。这几个红色的字都是宝盖头，它们是不是也和房屋有关呢？为什么？

生：宫和房屋有关，故宫是以前皇帝住的房子。

生：有房子才有家。

生：客人就是到家里来做客的人，要到屋子里。

生：宝贝就是家里放的玉啊那些东西。

师小结：看来，宝盖头的字大部分和房屋有关系，我们就说宝盖头表示的意思——

生：多与房屋有关。

师：我们要会总结，大家把我们刚才总结出的"宀"表示的意思填到教材后面的常用部首表里。

生填写课本后常用部首表。

评析：摒弃了机械的识记，没有让字理知识停留于传统的告知，而是充分利用教材插图、字例，创设童话场景，让"宀"和带有"宀"的汉字化作会说话的小精灵，学生从中感知"宀"表示的意思，总结出规律，进一步加深学生对汉字表意功能的理解，激发了学生识字兴趣，有利于扩大识字面，促进学生自主识字能力的形成。

2. 自主倾听"穴"部及相关字说话。

师：刚才，我们通过看图，看我们的祖先写的字，倾听了一群汉字说话，认识"宀"，知道了它表示的意思多与房屋有关。下面，我们再来看看另一个字，听听它又说了什么。

师：（出示图和"穴"字）大家认识这个字吗，读一读（生读）。看了这幅图和我们的祖先写的"穴"字，你听到"穴"在说什么？

生：是洞的意思。

师：所以通常组成词语"洞穴"，读一读，说说怎么记住"洞、穴"两个字。

生："洞"就是"同"加一个三点水。

生：一个同学在水边。

生：洞要在水边才方便喝水。

生：穴是宝盖儿加个八。

生：我觉得穴上面有个像房子一样的东西，下面长了草，所以它是洞的意思。如果是房子的话下面就不会有草了。

师：你们真会思考。这个"穴"字很多时候也作部首，我们叫它穴宝盖（出示部首），说说，"穴"作部首有什么变化？

生：八的一捺变成点了。

师：那么大家想一想，带有带穴宝盖的字意思该和什么有关呢？

生：和洞有关。

师：究竟是不是这样呢？下面有几个词语，请孩子们去认一认，圈一圈，想一想。

出示自学要求：

（1）认一认：认读词语，给生字注音，想办法记住它们。

（2）圈一圈：圈出穴宝盖的字。

（3）想一想：这些字在告诉我们，它们为什么是穴宝盖，你听懂了吗？说说看。

师：一起读一读这几个词语。（师出示词语，集体认读）

师：（用红色显示带穴宝盖的字）这些字在悄悄告诉我们，它们为什么是穴宝盖，你听懂了什么？

生：空就是洞里什么也没有。

生：窝，是不是很多动物的窝都是在洞里？

生：有些鸟的窝就像一个洞。

生：鸟窝上也是有洞的，要不然鸟怎么出来。

生：突是不是洞里有狗啊？

师："突"字原来的意思是指狗从洞中突然窜出来。怎么记住"突"字？

生：就是洞里有一条狗。

师：能用"突然"说一句话吗？

生：放学的时候，突然下雨了。

生：我突然摔倒了。

生：晚上，突然停电了。

师：我们的祖先开始是住在洞穴里的，所以，"穴宝盖"表示的意思其实还和房子有关。"突"字就还有个意思指房屋顶上的烟囱，看看是不是和房子有关？

生：是。

师：从这个角度看，"鸟窝"的"窝"又为什么是穴宝盖呢？

生：鸟的窝也就是鸟的房子呀。

师：那么狗的房子叫——

生：狗窝。

师：鸡的房子叫——

生：鸡窝。

师：大黄蜂的房子，我们就把它叫做——

生：蜂窝。

师：怎么记住"窝"字？

生：上面一个穴宝盖，下面是口加内。

师：再来看看我们前面学过的一个词语"窗帘"。说说窗帘为什么是穴宝盖？

生：窗帘是挂在房子的窗户上的。

师：看来，穴宝盖不光和洞穴有关，还和房屋有关（板书：多与洞穴房屋有关）。生填写课本后常用偏旁表。

评析：学习并没有停留于表面的某个字，而是从巧妙的提示扩展开去，既积累了词语又加深了学生对汉字意思的理解，让汉字真的说起了话。

（三）识记字形：一个字的话就是一幅画

师：今天，我们学习了这些词语（出示生词"教室、宿舍、安宁、火灾、洞穴、天空、突然、鸟窝"，生读）。其中有这几个生字："宁、灾、宿、突、窝、穴、洞、舍"（师出示，生认读）。我们学过记住字形的方法有——

生：（齐）加一加、减一减、换一换。

师：还有一种方法就是画字谜画，要是请你给这些生字画字谜画，你准备选哪个？怎么画？

生：我选"灾"，我画一座房子着火了。

生：我选"突"，我画一间房子里有一只小狗。

生：我选"宿"，我画一间房子里有很多人。

……

师：孩子们真能干，一个汉字就是一幅画，相信你们的画一定很漂亮。

评析：字理不仅仅可以帮助学生识字，还可以帮助学生记忆汉字字形，发展学生形象思维能力，满足学生展示自我的心理需要。当然这种记忆字形的方法不是为趣味而趣味，而是遵循儿童认知特点，遵照汉字构造规律，发掘汉字的生命力，进而达到更高的识字效率。

（四）写字：汉字笔画也在说话

师：这些字宝宝也像我们小朋友一样，很爱漂亮。（出示生字："宁、""灾"）你们听，它们在悄悄对我们说，小朋友们，你们可要把我们写漂亮哦！它们还告诉我们，要怎么样才能把它们写漂亮，它们会提醒我们一些什么呢？

生：我们两个都是上下结构的，上下结构的字一般上面要让着下面，所以我们的上部分和下部分比起来都要短一些。

生：上面的宝盖要写得宽些。

师：也就是说"宀"要把下面部分盖住，想想，为什么这个偏旁要把下面的主体部分给盖住呢？

生：要把下面盖住才好看。

生："宀"表示的意思和房子有关，既然是房子，当然应该把房子下面的东西盖住啰。

师：说得真好。我们的汉字就是这样。孩子们不光要在认字的时候听汉字说话，写字的时候也要听他们说话，才能写漂亮哦。现在请大家完成 19 页描一描写一写。描一描时，注意借助田字格把我们刚才分析的各个部分关系处理好，注意关键笔画的写法。描完了再写一写，写完了一定要比一比哦，看看你哪儿没有听懂汉字的话，再加加油。

评析：继续把学生对汉字文化的感受延伸到了写字阶段。书法是汉字独有的一门艺术，低段孩子不可能掌握复杂的书法术语和技巧，但他们应该要有揣摩字形的意识和习惯。案例中，汉字的笔画组合也是汉字在说话，是汉字在用它的一笔一画述说汉字本身蕴含的厚重的文化和顽强的生命力，述说汉字独有的情趣，学生在和汉字的对话中，完成了对字形的揣摩和感悟。

（五）课外拓展：和更多的汉字说话

师：今天小朋友们真能干，听懂了宝盖、穴宝盖对我们说的话。我们还要善于听更多的汉字说话，老师这儿还有一些词语（出示：宴会、公寓、寝室、窍门、窑洞、窄小），请小朋友们听听它们说的话，为了帮助自己听懂，可以查查字典。好吗？

生：（高兴地）好！

师：孩子们，我们的汉字是世界上最美的一种文字，它们会说很多有趣的话。当我们看到汉字的时候，用心听它说话，你会发现这是一件很有意思的事情。

评析：有人说，每一个汉字都是一首优美的诗，一幅美丽的画，本案例中，教师对学生说，每一个汉字都会说话。教师充分利用汉字表意的特点，在学生对汉字表意功能有一定的认识的情况下，遵循低段小学生的认知规律和心智特点，用"听汉字说话"这样一种学生容易理解的说法，引导学生和汉字对话，和汉字文化对话，借助字的部首了解字义，识记字形，把一个个方块字变成了活生生的有生命力的朋友，改变了单纯识字教学的枯燥乏味，激发了学生学习汉字的兴趣，增强了学生自主识字的能力，体现了教师对挖掘汉字本身的情趣因素的思考。

作文教学——放飞想象趣味书信

曹洪湘

一、课前思考

自从孩子们在三年级时接触了书信并有了相关的练习后，笔者一直在鼓励他们给人写信，但孩子们积极性不高，很被动。如何激发他们进行书面表达和沟通的积极性呢？将人作为书信的主体是我们的惯常思维。为什么不可以拓开思维，让万物之间可以相互通信呢？哈，来一次趣味书信，让孩子们经历想象的快乐，在富有创意的个性化表达中享受习作。在此过程中，学生还可以学会换位思考，站在万物的角度上去思考它们的喜怒哀乐，从而唤醒学生热爱万物、保护万物的意识，学会静下心来倾听自然，亲近自然，达到人与自然和谐相处的最高境界。"儿童是天才的想象大师"，本次教学的情趣点就是"容易生发想象处"。童话式是处理本次教学情趣点的最好方式，创设童话情景，放飞想象：你想给万物中的谁写信？蚂蚁、桂花树还是蚕？万物中的谁会给谁写信？会写些什么呢？等等。这样，不就给了孩子们一个乐于表达、易于表达、个性化表达的空间了吗？

二、教学实录

（一）创设童话情景，复习书信格式，激发创作欲望

师：我知道，我们班的孩子都是聪明的孩子，思维活跃，今天我们就来放飞想象，进行一次趣味书信的写作。（手指大屏幕：放飞想象趣味书信）

师：前几天晚上，我在滨河路散步。走着走着，突然，一封信从天而降。我打开一看——（投影只有称呼格式的空白信）

_____给_____的信

尊敬的啄木鸟医生：

　　您好！

_____。

_____。

　　祝你_____。

　　此致

敬礼！

年老的大树

2007 年 5 月 30 日

师：我发现——你们猜老师发现了什么？

生：发现他是用书信的格式写的。

师：书信应该是什么的格式？

生：开头写称呼。

师：称呼怎么写？

生：称呼顶格加冒号。

生：接着是问候语，问候语空两格。

师：是的，你可以向他问好，还可以问候别的，如"生活快乐吗？工作顺利吗"等。

生：接着是正文，正文要空两格。

生：最后是祝福语，提行空两格写"此致"，再提行顶格写"敬礼"。

师："此致"、"敬礼"也可以不写。

生：最后在右下角署名，并写上日期。

师：看来，同学们都没有忘记写信的格式。你们还发现什么？

生：发现这是年老的树给啄木鸟的信。

师：你怎么知道的？

生：因为它的称呼是"尊敬的啄木鸟"，署名是"年老的大树"。

师：怪不得这封信是从大树上掉下来的。除此之外，你还发现什么？

生：我发现他的信没有内容。

师：对呀，我也发现信没有内容，于是就猜他信上写了什么。你们帮我猜猜他写了什么？

生 1：可能是老树生病了，想请啄木鸟来给他治病。

生 2：可能今天是老树的生日，老树请啄木鸟来过生日。

生3：有可能老树得的病被啄木鸟治好了，老树写封信感谢啄木鸟。

生4：老树和啄木鸟是好朋友，他们俩很久没见面了，写封信聊聊天，告诉最近自己的情况和身边发生的故事。

……

评析： 要让学生有表达的欲望，首先要解决学生写作疲软的问题，那就要把学生引入到一个和他生活贴近的、他感兴趣的情景中，让他进入一种想表达的境界。童话是儿童的代名词，儿童的世界就是童话的世界。因此，童话式既适应儿童的心理需要又能充分体现"语文性"。因此，一开始笔者用童话的方式导入，以一封空白信来指导学生正确运用书信的格式，渗透今天的学习内容——事物给事物写信，大致了解信的内容。

师：是呀，我也猜了半天都猜不透，于是走到前面有路灯的地方，举着信对着路灯一看，我看见了——（投影啄木鸟给老树的信）

老树给啄木鸟的信

尊敬的啄木鸟医生：

　　您好！

　　我呀，前几天觉得身体痒痒，我就叫大象弟弟帮我把身上洗得好干净啊！但不知道为什么，这几天又开始痒痒了，肚子也经常痛。小洞到处都是，身上、头发上（指叶子）都有许许多多的小洞、大洞。哎，我不断地掉头发，身体也一天比一天弱。对了，我有时还觉得脚（指树根）都好像要断了似的，痛得厉害，快要立不住了！

　　我可不能倒下呀！我倒下了，住在我身上的小鸟弟弟、妹妹就无家可归。我是这片森林中最大的一棵树，住在我身上的小鸟们也就多，如果我倒下了，不仅成千上万的鸟巢会被损坏，还会压死许多无辜的小草和万紫千红的小花，所以我不能倒下啊！我记得风妖说过，我倒下了，它就可以所向无敌，那就不知有多少树木会断手断脚。我记得雨妖也说过，只要我倒下了，它就要从我这儿空的地方接连下几天大雨！那样就会害死许多小动物，只要大雨一来，花儿、草儿会被淹没，梅花鹿、小兔子等小动物会被淹死。森林里从此会少了小鸟婉转动听的叫声，没有了泉水边饮水的小鹿，树间悠来荡去的小猴子……

好心的啄木鸟医生，你在哪里呀，快来吧！我真诚地请求你救救我吧！

祝你消灭更多的害虫，成为森林王国和人类最好的朋友！

此致

敬礼！

年老的大树

2007 年 5 月 30 日

师：谁来帮老师把这封信读一读？（生读信）

师：你听懂了老树写什么了吗？从哪个自然段听懂的？

生：我从正文的第一自然段听懂了老树生病了，很难受。

师：他是怎么写出他难受的？

生：他用拟人的方法来写的，说他肚子痛，身上、头发上有许许多多的小洞、大洞，不断地掉头发，身体也一天比一天弱。脚都好像要断了似的，痛得厉害，快要立不住了！

师：他用拟人化的方法把自己病的症状写得很具体清楚，（板书内容：具体、清楚）写得多么生动。（板书：生动）

师：你还从哪儿读懂了什么？

生：我从第二自然段读懂了老树如果倒下了会有什么严重后果，他不是为自己着想，而是为别人着想。他也用了拟人的方法。

师：这段和上面一段内容一样吗？

生：不一样。

师：对了，写信的时候，一个内容写一个自然段。

师：你还读懂了什么？

生：我从第三自然段读懂了老树请求啄木鸟救他。

师：啄木鸟会救他吗？为什么？

生：啄木鸟会救他，因为老树请啄木鸟救他，是为了小草小花，为了别的树木，为了鸟儿和那些小动物，他这封信很感人，所以我认为啄木鸟会救他。

师：是呀，我看了这封信也被感动了，于是就把这封信托风儿带给了啄木鸟。啄木鸟这时可能正赶去救老树呢！

评析：情趣课堂的主要元素便是童化了的课场，"场"里充满了童真、童趣、童语、童韵等滋养儿童成长的营养因子。这就是一封充满营养液的信，可以让学生明白写作要求和方法。这也是把童话和书信合二为一的一次写作尝试，学生既学会准确地运用书信的格式写作，又可以打破书信的定势思维，给学生一个全新的思维发散空间。

（二）放飞想象，倾听物语，交流促发妙想

师：孩子们，别以为人才会说话，大自然也有语言，世界上除了我们人类，万事万物也在进行着互相交流，诉说着他们的喜怒哀乐，他们的梦想、愿望，他们也会运用我们人类的书信方式进行交流。今天，就让我们放飞想象，走近万事万物，去倾听他们谁在给谁写信，在互相交流着什么，诉说着什么。大家闭上眼睛，用心去听听。（生思考1分钟左右）

师：大家听到了吗？听懂了吗？那么就告诉你的同桌同学吧。（生小组互相交流）

师：好，现在谁来告诉我们你听到了什么？

生：我听到了地球在给陨石写信，让他不要撞在自己身上。以前恐龙灭绝就是因为陨石撞在地球身上造成的。

师：哇，你的想象力真丰富，看来课外书也读得多，懂得的东西真不少。大家把掌声送给他！

生：我听懂了花儿在给蜜蜂写信，让他快来帮自己传播花粉。

生：我听到了轮船给海啸写信，叫他不要伤害自己和那些无辜的人们、花草树木、房屋。

师：哦，你们告诉了我自然界的事物在互相诉说心愿呢。

生：我听到了数字王国的"0"在给字母王国的"O"写信。

师：书本上的文字、符号是最会表达情感的，你真是他们的知心朋友。

生：我听到了丑小鸭在给白天鹅写信，问白天鹅为什么那么美丽，而自己为什么那么丑？

师：你爱看童话书吧？是呀，童话故事中的人物还有好多故事等待你去倾听呢。

生：我听到的是道路在给汽车写信，叫汽车不要超载，把道路的身体都压坏了，还叫汽车别让他的主人酒后驾车、乱超车、闯红灯等，因为道路看到了太多的悲剧在自己身上发生。

师：真是一个有安全意识的好孩子，相信你和你的父母一定会遵守交通规则，永远平安。

生：我听到了牙齿在给糖果写信，因为糖果太甜了，引诱小主人不断吃糖果，把牙齿都给损坏了。

生：我听到了好事在给坏事写信，因为好事看到坏事侵入别人的身体，让别人不断做坏事。好事想问坏事为什么那么坏？并劝告坏事改邪归正。

师：你不仅是一个想象力丰富的孩子，肯定还是一个爱做好事的孩子。

……

师：孩子们，世界上的万事万物都在真情对话，告诉我们他们的喜怒哀乐，他们的梦想愿望。今天，我们就来当一次写信人，替万事万物写信。（板书写信人：万物）把你们听到的万事万物的心里话写出来，送给我们真情阅读，好吗？好，拿起你的笔，让他们心中的话语在你的笔尖静静流淌。

评析：孩子本就没有我们大人的定势思维，他们的小脑瓜里有那么多的奇思妙想，"容易生发想象处"是很能触动学生情绪的"点"。"万事万物也在进行着互相交流，诉说着他们的喜怒哀乐，他们的梦想、愿望……他们在互相交流着什么，诉说着什么呢？"这个话题既为学生营造了一个童话的场景，又让学生变成了童话的主角。在学生漫天想象的过程中，老师忠实地扮演着引导、指导的作用，根据学生所说总结归纳所描述的事物：我们身上的、学校家里的、周围世界的、自然界的、宇宙中的、书上符号、童话书中的人物等。

（三）学生自由写作，尽情表达

学生习作，老师巡视。（12分钟左右）

评析：学生的情绪被充分调动了起来，而写作，就成了他们心里最迫切的愿望。静静中，只有心中的妙语在笔下流淌……这，就是课堂最高的境界。

（四）妙语分享，感受习作快乐

（学生念习作片段，欣赏、共享习作成果）

师：刚才我简略地看了孩子们的习作，让我非常感动，让我佩服。什么让我感动又佩服呢？我们一起来欣赏欣赏从你笔尖流淌的万物的心语。谁愿意与我们分享他的习作快乐？

生（龚林威）：《沙漠给森林的信》

尊敬的大森林：

你好！

我一直有一个问题想问你，你怎么长那么多大树，而我却寸草不生呀？你怎么有清澈的泉水和河流，而我连水都没一滴呀？你一年四季都在穿不同的衣服，而我春、夏、秋、冬都是一个样，一点变化也没有！你有鸟儿为你唱歌，蝴蝶为你跳舞，松鼠给你捶背，我怎么连一个人都没有呀。

你是人类眼中的一块宝，我是人类眼中的一个愁。你有大树为人搭房，野花为人装饰房间，各种野菜蘑菇为人提供丰富的营养，而我却什么也没有。你一年四季都有数不清的动物，而谁也不肯光顾我这儿，因为会把他们渴死、晒死、饿死。我希望你把你繁荣昌盛的秘密告诉我，让我也成为你那个样子。

……

师：孩子们，你们听了，想说什么吗？

生：他写得太好了，太生动了，用了好多拟人句。

师：是呀，我真惊奇于你们的奇思妙想，我看到了好多精彩的文章。想听吗？谁再来念？

生（陈亦羽）：《丑小鸭给白天鹅的信》

亲爱的白天鹅：

你好！

我是一只丑小鸭。当我出生的时候，鸭妈妈就把我逐出家门，因为我长的太丑了，大家都欺负我，我只好到处流浪，我从没有想过我长大是什么模样，唉！谁叫我天生命不好呢？记得有一次，我在小河里洗澡，一只猎狗"汪汪汪"叫了几声，直向我跑来，我吓得魂飞魄散，狼狈得抱住头，心里想着："完了！完了！一切都完了！"哪知，猎狗只嗅了我几下，就走开了，我太丑了，丑得连猎狗也不咬我了，真是"感谢我自己"呀！

请你如实地告诉我，你为什么那么美丽。当我第一次看见你的时候，我马上就被你吸引了。你那红红的樱桃小嘴，一身雪白的外衣，简直是美若天仙啊！你那长长的脖子对着水面，好像正在"照镜子"，还时不时的梳理一下自己身上的羽毛。我越看越觉得可悲，难道是我天生命不好吗？当你飞到南方去过冬时，我仍然不知道，还完完全全沉醉在你的美丽的外表中，过了几天，冬天来到了，我被冻晕在草丛中……

师：喜欢她的文章吗？为什么？

生：她具体清楚地写出了丑小鸭遭受的苦难和白天鹅的美丽，用上了好词：魂飞魄散、狼狈、樱桃小嘴、美若天仙、沉醉等。

生：她语言很有味道，如：我太丑了，丑得连猎狗也不咬我了，真是"感谢我自己"呀！

师：是呀，真精彩，让我们把掌声送给她，共同分享她写作的快乐。谁再来念？

罗淼铎：《好事写给坏事的信》

令人讨厌的坏事先生：

你好！

你在坏人堆里生活得还好吧？不知你失业了吗？你知不知道，你是多么令人讨厌，所以我今天代表所有讨厌你的人给你写封信。不知你还记不记得多年以前的一件事，那是我才刚刚开始工作。我看见一个人站在垃圾桶前犹豫不决。因为她看见垃圾桶前有一块纸屑，我正想进入她的身体，让她捡起来放进垃圾筒里。可你却以迅雷不及掩耳的速度，一下进入她的身体，让她使出飞毛腿把垃圾筒踢翻了。垃圾倒了一地，臭气熏天，还让她骂了一顿。

还有许多事，现在我为你一一道来。在罗淼铎的班上，有一个叫杨佳慧的同学，她是班上最令人讨厌的了。其实她的内心并不坏，我知道都是你这个大师的杰作。在四年级上册，你使她迷上了整人专家。她天天省钱去买整人专家来整人。还有你使她时常不完成作业，让她常常被父亲打得手红屁股肿的……

……

师：孩子们，你们的作文让我感动。我要告诉你们，你们是天使，因为只有天使才能听懂万物的话。你们用那一颗颗真诚的童心解读出万物的心语。孩子们，我觉得我们今天的作文课不该叫"放飞想象，趣味书信"，应该叫"童心飞扬，天使心语"！

（下节课学生修改或继续写）

三、板书设计

信 {
　写信人：万物
　信内容：具体、清楚、生动
　写法：童话（拟人化）
}

四、课后反思

童心飞扬天使心语

定势思维的我们，常常布置些定势思维的作文，既无聊又生硬，学生常常无从下笔，绞尽脑汁也挤不出来几个字。这次"趣味书信"的写作设计，目的就是要放飞学生的思维，同时也是为了告诉我们所有听课的老师：书信，不仅仅是我们人给人写信，或给万物写信，我们可以站在万物的角度，替万物给万物写信。作文的布置，可以把书信和童话两篇作文合二为一，既复习了书信的格式，又明白了可以用童话的方式来写信，借以表达心中的想法。

课前，伍老师说我的导语有点生硬，这引起了我的反思，怎样让导语生动些，有趣些，可以更好地放飞孩子们的想象？于是我便设计一个童话情景，（就如今天所呈现的）把孩子们引进情趣的故事氛围中，确实收到了很好的效果。

最后一个环节是"交流评价"，即学生写一小段后来评价他们写得好不好。但当我巡视了孩子们的写作后，既震惊又感动，没想到他们的话题那么宽，写得那么生动，所以就急切地请他们一个接一个地念，想让所有来宾听听他们写了什么，听听他们是怎样解读万物心语的。所以没再具体评价，如果那样评价，会把文章评得支离破碎，打击孩子写作积极性。文章需要评价，但在如此美妙的意境里，评价却成了多余的，此时我们需要的仅仅是倾听，仅仅是欣赏。我们应该尊重孩子们的情怀、梦想、感动、诠释及他们的原始表达。因此在实录时，我把第四个环节"交流评价"改成了"妙语分享"。

这堂课教学后我最大的收获是感动，感动于孩子思维的飞扬，想得那么奇妙。孩子没有我们大人的定势思维，只有他们的小脑瓜里才有那么多的奇思妙想。"一千个读者就有一千个哈姆雷特"。那一颗颗真诚的童心让人感动，所以我后面情不自禁地说："你们是天使，我们的题目不该是趣味书信，应该是'童心飞扬，天使心语'。"而教学设计的第三个环节是"笔下生花"，在写实录的时候，我激动地把第三个环节改成了"天使心语"。是的，这堂课的总结语不是我先前设计的，事先，我低估了我们的孩子，低估了他们被激发想象的潜能后如此高的创作水平和奇特的想象力。佩服！感动！感叹！感谢！感谢情趣课堂的课题研究，感谢我们的孩子给我们一个丰富的诠释，给我们上了生动的一课。

给我一个支点，我就能撬起地球！给孩子一个支点——情趣，你就会听懂天使快乐的心语！

第五篇

➡ 语文课堂由疲软走向生机

课堂告别疲软，步入生机

随着研究的不断深入，我校语文教师加大了对理想语文课堂的思考，加大了对自己语文课堂的思考，并衡量二者的差距，构建情趣课堂的意识越来越强烈，随之而来的是课堂面貌的大改变。教师和学生开始享受课堂，享受学习。

1. 教师对"语文课堂"的思考力度加大

上课时，我看见有些学生无精打采，一副索然无味的样子，对一切都提不起精神。我常常在想：为什么学生对形象生动、情意浓浓的语文课本缺乏兴趣？写起作文来总是干巴巴的、没有生气？于是我重新审视阅读教学，忽然惊觉：我的教学模式仍然没有摆脱"教师讲，学生听；教师问，学生答"的状况，没有重视学生的情趣引发。是啊，没有情感的心灵是灰暗的，没有趣味的课堂是呆板的，现代语文教学呼唤"情趣"课堂。

——葛秀华

名师们的语文课堂，自然、平易、和谐，不那么"郑重"，也不那么"庄严"，似乎还显得有些随意。但是，这样的课堂偏偏让人觉得舒心、愉快，似有一种魅力如磁铁般吸引着学生和观课的老师们。如一杯好茶，观之寻常，只有含在口中，浸在舌尖唇底，那份美妙才会让你如饮醇醪、回味无穷。主要原因就是名师们的课堂充满了情趣，既有"情"，又有"趣"。如果我们的课堂也变得有情有趣，不就充满魅力了吗？

——包蕾

今天上《三峡之秋》，没有达到预期效果，离情趣课堂的境界还有很大距离，主要原因有两点：第一，上课的时候，脑子里想着要在这节课将我的设计完整地呈现给听课老师们看，却忽略了课应该"为学生而上"。第二，自身的教学机智存在问题。当孩子们的回答和思考没有在我的预设中时，就慌了手脚，自己包揽代替，个性化阅读和感悟根本就没有实现。

——周庆秋

从何时起，我喜欢手捧着教育书刊坐在桌前静心阅读；从何时起，我开始用幽默有趣的语言与课本交流、与学生对话；从何时起，办公室里经常谈论的是对教材的理解，教育学生的案例；从何时起，我的课堂开始富有了童真、童趣、童韵……哦！这些转变，是从研究小学语文情趣课堂开始。

——曹学琴

2. 语文课堂大变脸

老师们的课堂面貌生动起来了，性情起来了。就像一个个性格各异的人，充满了生命的气息。最直观的呈现有：

（1）课场充盈情感

曹学琴老师教学《和时间赛跑》，引导学生在与生活的链接中涵咏句子，一层一层地体会爸爸的话，感受时间的一去不复返，时间的可贵、时间的无情……学生一次一次地带着体会反复品读"所有时间里的事物，都永远不会回来……"师生浸泡在文字里，想到自己蹒跚学步的憨态，想到在幼儿园时的嬉戏，想到已经逝去的亲人再也回不来，眼圈渐渐红了。

（2）语言真实个性

"小孩子说大人话""课堂发言像贴标签一样呆板僵硬"的不正常话语现象开始淡出我们的语文课堂，学生童声童语流露真性情。戴文萍老师教学《苏珊的帽子》，班上的少贤同学站起来发表反对意见："戴老师，我认为海伦老师的做法不好！"跟着附和的还真不少："是啊，如果是夏天，戴帽子太热了，怎么办？""全班同学都剃光头吧，就跟

◀ 小学语文情趣课堂的研究 ▼

苏珊一个样了！""苏珊可以戴上假发，不就不用戴帽子了嘛，苏珊老师真是很笨啊！""苏珊也可以等头发长出来了再来上课呀，那也不用戴头发了。""海伦老师何不直接把苏珊的病情告诉同学们，引起大家对苏珊的同情和关心。"……戴老师微笑着看着孩子们，抛出一个问题："同学们真会动脑筋，替海伦老师想出了这么多的办法！但是你们想一想，苏珊现在最需要的是什么呢？"课堂恢复平静，同学们陷入思索中。

（3）肢体语言生动丰富

老师们和孩子们的肢体舒展起来了。他们随着教学情景的转换或醉或喜，或悲或怒，喜怒完全形之于色：陷入沉思时双眉微蹙或若有所思，问题得到解决时释然轻松，获取新发现、新收获时兴奋欣喜，受到激励时自豪喜悦，得到认可时欣慰愉快，兴起时会手舞足蹈，精彩时掌声连连，入神时安宁沉静。

3. 师生开始享受课堂

"教学是生计"、"课堂是工地"，这些曾经在教师中流传的调侃话渐渐没了市场。老师们开始从课堂享受教学的乐趣和生命的意义，从牺牲性的付出走向主动性的创造。

学校一年一度的科研周上，我执教《箸子里的铜钱》。整堂课，我和孩子们都被作者琦君平实无华，且蕴含浓浓真情的文字深深地感动着，心中荡起了一圈圈情感的涟漪。孩子们的眼睛湿润了，听课的老师们的眼睛也湿润了。大家都说我的课上得很成功，我真切地感受着自己生命和思想的成长，这真是一种别样的幸福！

——伍文艺

今天与孩子们一起上"趣味书信，放飞想象"的习作训练课，教学后我最大的收获是感动，感动于孩子思维的开阔，想得那么奇妙。孩子没有我们大人的定势思维，只有他们的小脑瓜里才有那么多的奇思妙想。那一颗颗真诚的童心让人感动，我情不自禁地对孩子们说："你们是天使，我们的题目不该是趣味书信，应该是'童心飞扬，天使心语'。"不可低估我们的孩子，感谢我们的孩子。

——曹洪湘

学生喜欢语文课堂的人数大幅度增加，学生喜欢语文课堂的程度不断加深，孩子们享受着语文课堂带给自己的别样感觉。

"妈妈，妈妈，今天，老师差点成小偷啦！"一年级二班曾曾曦小朋友一回家就迫不及待地嚷开了。妈妈吓了一跳，在孩子兴奋的有些凌乱的讲述里明白了事情的原委。上语文课的时候，因为教室的前后门紧闭着，朱老师就想翻窗进去，小朋友们赶紧说："哇，老师您翻窗不就成小偷啦？马上给您开门！"笑过之后，朱老师在黑板上板书了"回"字的两种笔顺"丨冂同回""丨冂口回"，让大家猜正确的笔顺是哪种。"你说是哪种呢？"妈妈笑着问。"当然是第一种啦，难道也想和老师一样，翻窗户进屋吗？"从此，一年级二班的学生没有一个把"回"写错了笔顺。

四年级二班王微元的妈妈发现孩子眼睛红红的，似乎哭过。当得知是因为上《毽子里的铜钱》这课时，被文中老人的善良深深打动。妈妈由衷地说，语文课堂让孩子"有感觉"了，真好！

三年级六班的朱笑行在日记中写到：我们这个单元的作文太有趣了，是听音乐编故事，老师播放一首曲子让我们听后编故事。同学们的想象真是千奇百怪啊，有的想象成"兔子和小动物们同大灰狼斗智斗勇"；有的想象成"小马们进行跑步比赛"；有的想象成"大鲨鱼追逐小鱼儿，小鱼儿拼命逃跑"；有的想象成"下雨前小蚂蚁在忙碌地搬家"；有的想象成"外星人入侵地球，地球人与外星人大战"……每说到一种，同学们就发出一片"哇"声和一阵笑声，太好玩了，大家的想象力真丰富，同一首曲子却编出了那么多不同的精彩有趣的故事，写作文太好玩了。

▲ 小学语文情趣课堂的研究 ▼

语文学科成为强势学科

语文课堂面貌的大改变进一步催生了我校教师和学生学习语文的自信，教师的教学能力和学生的学习能力均获得了很大提升。与此同时，"小学语文情趣课堂的研究"极大地丰富了学校"情趣教育"的实践，并带动其他学科对课堂的研究与思考。我校语文学科的发展在县内外形成了良好影响，成为当仁不让的强势学科。

1. 师生发展喜人

学生的语文学习兴趣与能力不断增强，孩子们快乐地读着、写着，快乐地参加"我爱家乡征文比赛""科技小论文比赛"等活动，获奖的学生不计其数；许多学生的文章发表在《新作文》《红领巾》《时代少年文荟》《华西都市报》《大邑报》等各级各类报纸杂志上；语文调研成绩每次均在前列。

课题研究使教师的课堂教学能力和研究课堂的能力大幅攀升，从2006年9月开始进行课题研究算起，王惠蓉、杨燕、曹学琴、伍文艺、朱月、许道敏六名教师先后六次参加大邑县教育局组织的说课、赛课（语文学科）活动，全部以第一名的成绩获得一等奖；2007年10月朱月老师代表大邑县参加"成都市第七届语文青年教师优质课竞赛"，执教《成吉思汗和鹰》获得一等奖，并毫无争议地被推举为展示课参加"成都市第六届语文青年教师优质课竞赛观摩展示活动"，在场听课的北师大教材副主编陈铮老师评课时对《成吉思汗和鹰》的教学给予了充分肯定，表扬课堂的创新精神，说在全国看过的《成吉思汗和鹰》中，没一个是这么上的，目前为止，这课能上到这样，已经是很棒了。

2009年4月伍文艺老师代表大邑县参加"成都市第七届语文青年

教师优质课竞赛"，执教《钓鱼的启示》又获得一等奖。曹洪湘、孙祥辉老师关于情趣作文教学的 6000 字的论文发表在国家级教育杂志《新作文》上，曹洪湘老师还作为《新作文》的特邀编辑参与《新作文》的编写；毛琼英、王莹菊、孙祥辉老师探讨语文情趣课堂的文章分别发表在《四川教育学院学报》《时代教育》上。

三年中，语文教师撰写的论文，共有 80 余篇获得各种奖项，其中获得国家级一、二等奖的分别有 4 篇和 2 篇；获得省级一、二等奖的分别有 3 篇和 2 篇；获得市级一、二等奖的分别有 7 篇和 16 篇；获得县级一、二等奖的分别有 15 篇和 4 篇；发表在国家、省、市等各级各类报纸杂志的共计 11 篇。

2. 形成良好影响

"小学语文情趣课堂的研究"为我校其他学科思考和实践课堂提供了一个参照和借鉴，目前"数学"、"英语"、"科学"已进入情趣课堂的研究。不仅如此，课题研究在县内外均产生了较大影响。

学生杨珏的家长说："看了你们的情趣课堂后很感动，非常好。打破了以前极其陈旧、沉重的学习方式，轻松提高孩子的学习成绩，提高孩子的文化身心素质，提高孩子的道德品质……太好了！我们家长感到高兴。"

兄弟学校的老师们说："北街小学的语文学科发展太快了，真称得上是大邑语文学科的风向标了！"近两年先后有王泗、新场、元兴、三坝、悦来等多所学校的教师到我校听语文课，仅 2009 年就达到 40 节。大邑县教师进修学校特邀我校语文教师毛琼英、廖文霞、王莹菊等作专题讲座；大邑县教育局教研室特邀语文教师朱月、伍文艺、曹洪湘等在教研室主办的网站上与全县教师交流教学心得。2009 年 2 月，毛琼英老师在全县语文学科教研会上作专题发言，交流课题研究经验；2009 年 6 月，语文学科组被县教育局评为优秀教研组，毛琼英、伍文艺评为优秀教研组长。

2007 年，四川省陶行知教育研究会组织难课研讨活动，采取"竞标"方式遴选教学设计，我校孙祥辉老师以"情趣课堂"为理念的《桃花心木》教学设计入选，并面向全省语文教师作公开展示课，获得好评。

2007年4月，全国校长发展学校150名校长到我校参观学习，校长们认为，情趣课堂抓住了学生年龄特点，遵循了教育规律，是真教育！

2007年5月31日，《四川教育导报》以"情趣，幸福生命的有益元素"为题介绍了我校的情趣课堂，指出"课堂是师生生命成长的重要场所，理应变得情趣横生，成为师生享受教育、享受生命成长的乐园"。

2007年11月，我校授牌为"全国新世纪小学语文教育研究基地校"，语文教师曹学琴评为"全国优秀课改实验教师"。2007年12月，成都市语文教研员罗良健老师到我校视导，听了两堂语文课后，深有感触地说："北街小学搞的语文情趣课堂研究抓住了语文学科的本质，丰富了我们整个成都市的语文学科建设。我今后要在不同场合，包括在成都市，包括在其他更大型的场合，介绍北街小学的情趣教育。"

2008年9月，我校语文学科承办"四川省小语骨干教师培训班课堂实践活动"，四川省特级教师伍幼芬老师点评中夸奖我校学生课堂表现富有灵性。

成都市教科所对市"十一五"课题进行2008年度考核，查阅资料后，评定我校课题为"优秀"。

四川省教育学院姚文忠教授到我校指导"情趣教育"，明确表示"情趣课堂符合儿童认知规律，符合儿童学习原则，符合教育节奏，它是儿童的课堂，有价值的课堂"。中国教育学会会长顾明远先生听取我们的研究汇报后，为我们寄来手书的"情趣教育幸福人生"大字一幅作为勉励。

情趣课堂研究的总结与反思

我们采用"写实性"的行文方式将我们的研究所得真实地呈现出来，原因主要有两点：

一是作为一线教师的我们，实践积累远远强于理论储备，"在行动中"永远是我们的强项。所以我们选择了"扬长避短"，在一定的理论指导下大量地实践，并进行适当的归纳和总结，就成了我们的成果。"跳一跳"就能"摘桃子"让我们感到很快乐，尽管我们的"桃子"可能不够鲜亮和夺目，但她是我们的劳动所得，自豪感让我们有了"再摘一个"的动力。不断的努力，我们相信所摘的"桃子"会越来越漂亮。还有什么比积极性和快乐感更重要的呢？

二是想削减"课题研究"一直以来带给老师们的疏离感。科研的规范性和科学性决定了其表达方式的"庄重"和"严肃"，读报告常常被老师们看作是一件"打脑壳"的事，如果不是必须，老师们往往"避而远之"。这也是"科研"不能普及的主要原因之一。既然研究的目的是为了"做得更好"，为什么一定要拘泥于表达方式而影响我们的终极目标呢？因此，我们认为这种"写实性"的方式更能缩短与读者的心理距离，从而增强交流的深度和广度。同时也提醒广大的老师们，科研其实挺有意思，科研其实并不难，大家都可以搞科研。

"情趣课堂"是本研究的关键词。我们认为要建设情趣课堂，首先要认识情趣课堂有哪些基本特征，可以采取什么策略让课堂富有这些特征。我们从解读教材、处理教材的角度，通过对多个案例的归纳与提炼，梳理出情趣课堂的"四味"特质以及构建情趣课堂的两大策略。但是，我们深知，情趣课堂的建设，教师是关键性的因素。没有情趣教师，何来情趣课堂？这是本课题对教师教学技艺的研究缺失。不过我们认为"饼子要一口一口吃""问题要一个一个解决"。下一步，我们将在教师的教学技艺这一块着力，如教师的教学语言（包括肢体语言）怎样才能有情趣等。